하늘에서 흉악한 요괴 UMA가 내려왔다!

아프리카에는 느닷없이
하늘에서 내려와 주민을 습격하는
무시무시한 괴생물이 산다고 한다.
그 이름은 바로 '콩가마토'.
모습은 오래전 멸종한 익룡과 매우 닮았다!
마치 수천만 년 전의 과거에서 시공을
훌쩍 뛰어넘어 지금 모습을 드러낸 요괴처럼.
콩가마토에게 습격당한 인간은 도망치는
것밖엔 아무것도 할 수가 없다!

흉측한 모습의 UMA는 UFO를 타고 왔다?

남미의 칠레와 멕시코에는
염소 등의 피를 빨아먹는 잔인한
'추파카브라'가 종종 나타난다.
그 모습만 보면 절대로 지구에 사는
생물이라고 생각할 수 없다.
어쩌면 인간이 유전자 조작 실험으로
만들어 낸 괴물일지도 모른다.
아니, 외계에서 날아온 미지 생물이
은밀하게 지구를 침략하려는
증거일지도 모르겠다!

지구에서는 거대한 수생 괴수가 숨어 사는 어둠의 세계가 점차 그 범위를 넓히고 있다!

남아프리카 먼바다에서는 범고래와 싸우는 새하얀 털로 뒤덮인 수생 괴수 트룬코가 목격되었다. 지구에 인간이 모르는 땅은 없다. 하지만 광대한 바다 밑에는 아직까지 어둠에 갇힌 미지의 세계가 드넓게 펼쳐져 있다. 이 어둠 속 해저 세계에서 때때로 미지의 무언가가 모습을 드러낸다 해도 놀라운 일이 아니다!

칼라 특종 미지 동물 UMA 쇼킹 사진

화석 인류인가? 수인 UMA들

미네소타 아이스 맨

사진은 냉동 상태로 발견된 UMA, '미네소타 아이스 맨'의 머리다. 원래 베트남 정글에서 살았다던 이 수인의 사체는 진짜일까 아니면 가짜일까? (상세한 내용은 46페이지)

스컹크 에이프

스컹크와 비슷한 고약한 악취로 존재감을 드러내는 거대한 괴인. 동물원에서 탈출한 오랑우탄인가? 아니면 미지의 유인원인가? (상세한 내용은 50페이지)

뉴 네시

일본 어선에 인양될 당시에도 이미 상당 부분 부패가 진행된 미지의 괴생물. 공룡 시대의 수장룡과 비슷하게 생겼지만 진짜 정체를 알기에는 이미 때가 늦었을지도 모른다.
(상세한 내용은 146페이지)

오래전부터 숨어 살아온 물속의 UMA들

챔프

긴 목을 수면 밖으로 뺀 이 뒷모습은 아무리 봐도 수장룡이다! 몸길이가 17~18m에 달하는 거대한 수생 괴수가 미국의 호수에서 살고 있는 것 같다!
(상세한 내용은 96페이지)

닌겐

인터넷에 떠돌았던 남극해에 나타난 미지의 생명체. 팔이 없으며 2개의 다리로 서 있는 모습이 아무리 봐도 괴상망측하다.
(상세한 내용은 140페이지)

우리의 얼굴로 달려드는 하늘의 UMA들

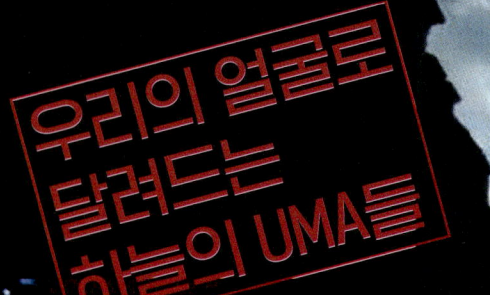

모스 맨
2010년, 독일 뉘른베르크에 나타난 비행 생물. 붉게 빛나는 두 눈과 곤충을 연상케 하는 모습이 미국에 나타났던 모스 맨과 똑같다!
(상세한 내용은 158페이지)

스카이 피시
2004년, 이라크 전쟁이 한창일 때, 텔레비전 화면에 기묘한 비행 생물이 나타났다. 굉장히 빠른 속도로 비행하기 때문에 눈으로는 볼 수가 없는 '스카이 피시'가 찍힌 순간이었을까?
(상세한 내용은 157페이지)

다른 차원에서 온 요괴 UMA들

태국의 쿠단
소의 몸에 인간의 얼굴. '요괴'로 보이는 기괴한 생물이 태국에 나타났다. 이 괴물의 정체는 도대체 무엇일까?
(상세한 내용은 205페이지)

에일리언 빅 캣
새까만 몸이 검은표범을 연상시킨다. 하지만 이 야수는 텔레포테이션(공간 이동)을 하며 갑자기 나타나 인간과 가축을 습격한다!
(상세한 내용은 172페이지)

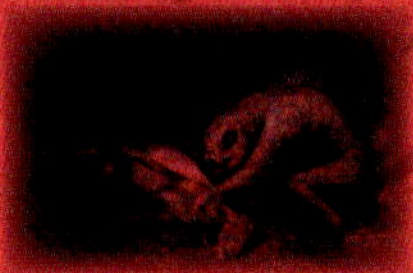

학연교육출판 편저

비주얼 미스터리 백과 4

미지 동물 대백과

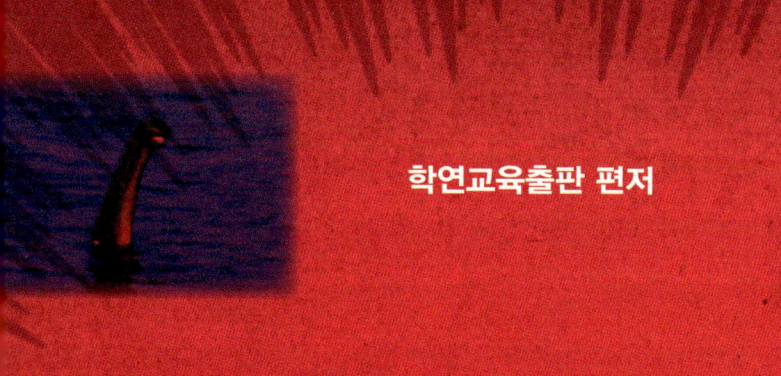

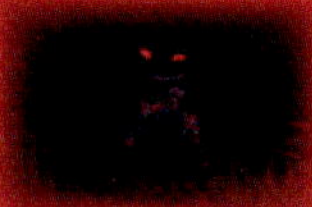

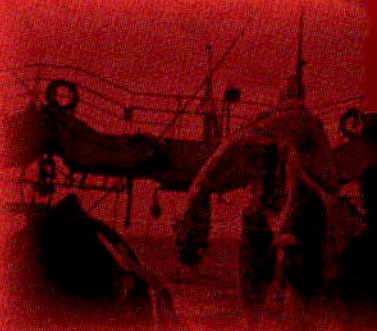

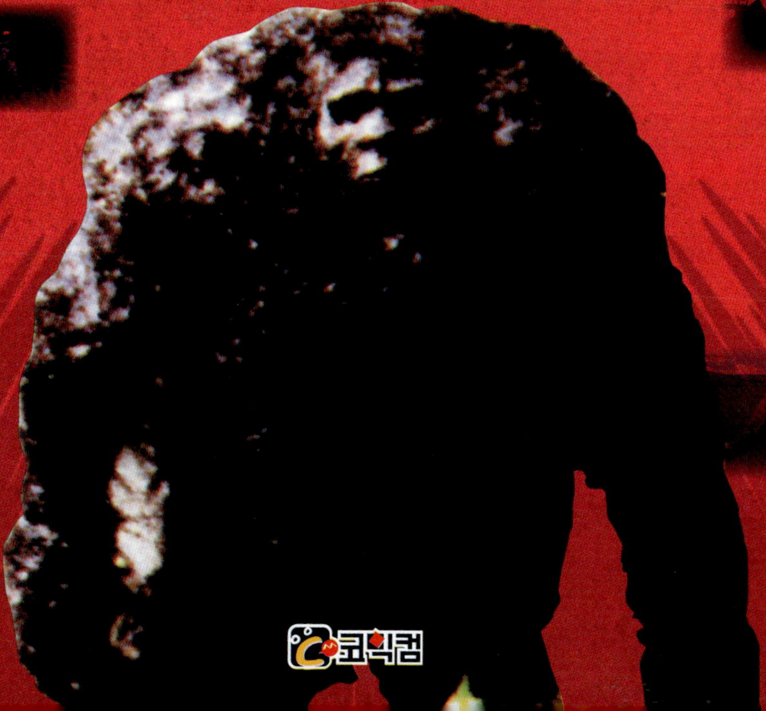

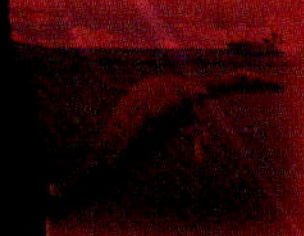

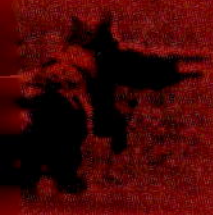

코믹컴

시작하며

'UMA'라는 말을 들어 본 적이 있는가?

네시, 빅풋, 예티, 추파카브라…….

이 넓은 지구 어딘가에서 우리가 모르는 생물들이 인간의 눈을 피해 조용히 숨어 살고 있다고 한다.

그렇다, 'UMA'는 '신비한 동물'을 뜻한다. 특히 일본에서는 '미지 동물'과 '미확인 동물'이라는 용어 외에 '존재가 불확실한 신비한 동물'을 뜻하는 'Unidentified Mysterious Animal'의 머리글자를 따 'UMA'라고 부르기도 한다.

미지 동물은 세계 각지의 바다와 하천, 호수, 밀림, 사막 등 주로 인간의 거주지와 떨어진 곳에서 서식한다. 그리고 때때로 인간 앞에 모습을 나타낸다. 미지 동물은 공룡과 똑같이 생긴 생물, 고릴라처럼 온몸이 털로 뒤덮인 수인, 아무리 봐도 해괴하게 생긴 괴수 등, 각양각색이다.

물론 그중에는 '다른 동물을 착각한 경우'도 있을지 모른다. 실제로 그렇게 생각하는 과학자들이 많다. 그들은 UMA의 존재를 인정하지 않는다.

하지만 옛날부터 많은 사람들이 UMA를 목격했고, 사진과 영상을 촬영했다. 상식적으로는 이해할 수 없지만, 확실히 우리가 모르는 '무언가'가 존재하는 것이다.

이 책은 98종 정도의 UMA를 소개하고 있는데, 대부분 과학으로는 설명할 수 없는 신비한 동물들이다. '찍었다는 사진이 진짜일까?', '이 세상에 미지의 대형 포유류가 있을까?'. '공룡은 정말 멸종한 걸까?' 등 생각해야 할 거리가 굉장히 많다.

이 세상은 아직 수수께끼로 가득 차 있다.

UMA가 존재하는 게 사실이라면 어떤 증거가 있을까? 이제부터 그 '증거'를 차분히 찾아보자!

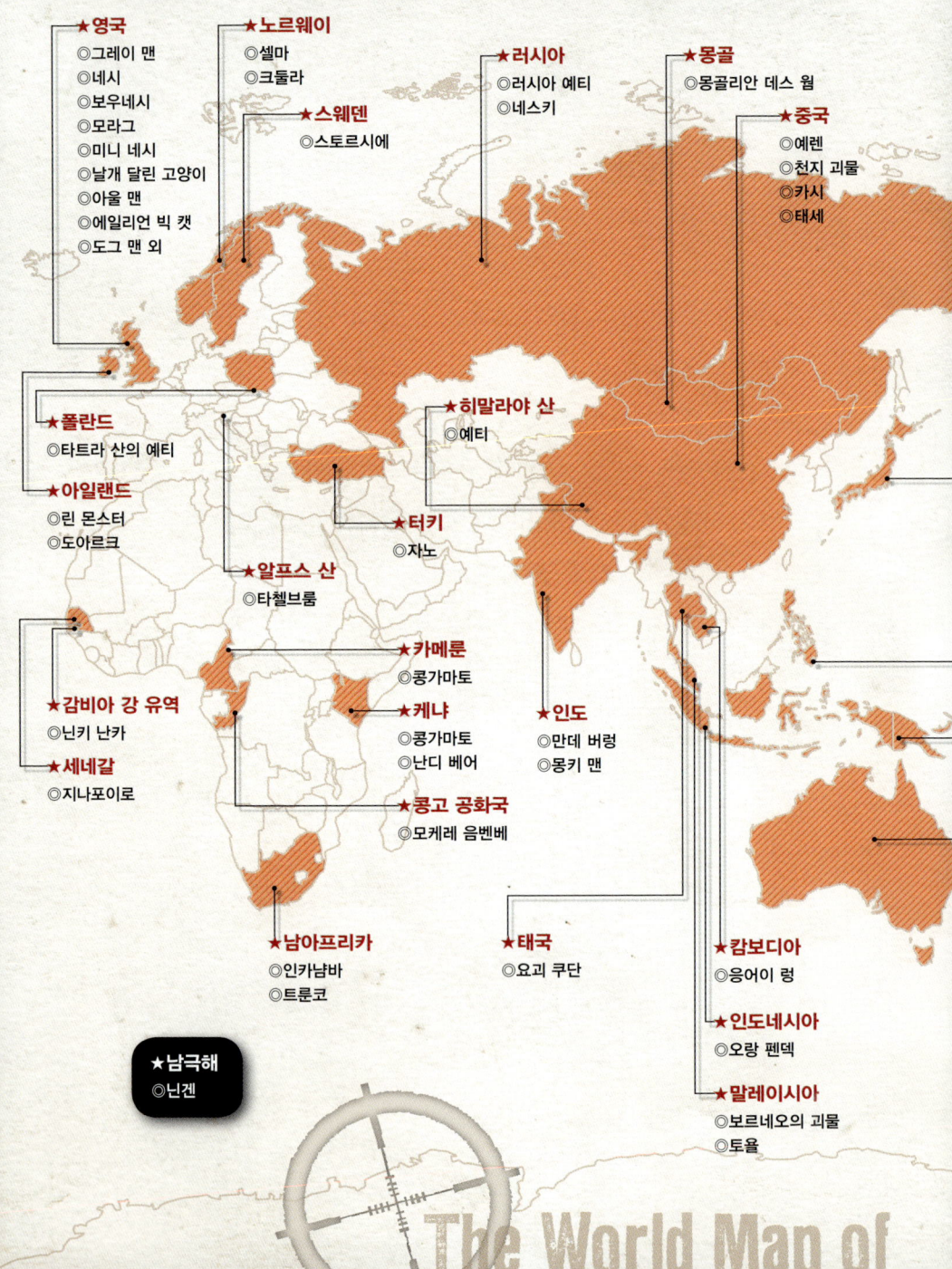

주요 서식지 분포 지도

★ 세계의 바다
◎ 시 서펜트
◎ 크라켄
◎ 글러브스터

★ 캐나다
◎ 빅풋
◎ 오고포고
◎ 매니포고
◎ 멤프레
◎ 캐머런 호수의 괴물
◎ 캐디 등

★ 미국
◎ 빅풋
◎ 미네소타 아이스 맨
◎ 그래스 맨
◎ 스컹크 에이프
◎ 포유크 몬스터
◎ 하니 스웜프 몬스터
◎ 챔프
◎ 프레시
◎ 로키
◎ 체시
◎ 빅 버드
◎ 모스 맨
◎ 도버 데몬
◎ 리자드 맨 외

★ 버뮤다 제도
◎ 옥토푸스 기간테우스

★ 푸에르토리코
◎ 추파카브라

★ 베네수엘라
◎ 모노스

★ 멕시코
◎ 추파카브라
◎ 플라잉 휴머노이드
◎ 메테펙 몬스터

★ 아마존 강 유역
◎ 호라데이라

★ 칠레
◎ 추파카브라

★ 브라질
◎ 바니아 비스트
◎ 추파카브라

★ 아르헨티나
◎ 나웨리트

★ 일본
◎ 히바곤
◎ 잇시
◎ 굿시
◎ 타키타로
◎ 쓰치노코
◎ 갓파

★ 필리핀
◎ 아스왕

★ 파푸아뉴기니
◎ 미고
◎ 로펜

★ 호주
◎ 요위
◎ 번입

★ 뉴질랜드
◎ 타우포 몬스터

Unidentified Mysterious Animal

목차
CONTENTS

칼라 특집…1
시작하며…10

미지 동물 UMA의 주요 서식지 분포 지도…12
이 책의 사용법…16

제1장　**3대 UMA 목격 사건 파일**…17
　　　호수에서 네시가 나타났다!…18
　　　빅풋과 대결한 남자…26
　　　눈 위에 드리워진 검은 그림자는 예티일까?…34
　　　[칼럼] UMA 연구란 무엇인가?…42

제2장　**육지에서 숨어 사는 수인(獸人) UMA들**…45
　　　미네소타 아이스 맨 / 스컹크 에이프 / 예렌 / 요위 /
　　　허니 스웜프 몬스터 / 피그 맨 / 노비 / 그래스 맨 /
　　　포유크 몬스터 / 화이트 빅풋 / 히바곤 / 러시아 예티 /
　　　오랑 펜덱 / 모노스 외
　　　[칼럼] 네안데르탈인이 살아 있다?…88

제3장　물에 사는 UMA들 …91

셀마 / 스토르시에 / 챔프 / 나웨리트 / 오고포고 /
모케레 음벤베 / 잇시 / 인카냠바 / 캐디 / 모르가우어 /
시 서펜트 / 닌겐 / 글로브스터 / 뉴 네시 등

칼럼 수생 UMA의 정체는 무엇인가! …148

제4장　하늘을 나는 UMA들 …151

빅 버드 / 로펜 / 지나포이로 / 콩가마토 / 스카이 피시 /
모스 맨 / 플라잉 휴머노이드 / 아스왕 /
날개 달린 고양이 / 아울 맨

칼럼 멸종 동물이 살아 있다? …164

제5장　괴상하게 생긴 괴수 UMA들 …167

추파카브라 / 에일리언 빅 캣 / 도버 데몬 / 저지 데빌 /
리자드 맨 / 쓰치노코 / 도그 맨 / 몽골리안 데스 웜 /
갓파 / 유니콘 / 토욜 외

칼럼 다른 차원에서 온 UMA …206

마치며 …210

이 책의 사용법

UMA는 영어(Unidentified Mysterious Animal)의 머리글자를 따서 만든 용어로 '미지 동물'과 '미확인 동물'을 뜻한다. 이 책은 UMA를 다양한 각도에서 소개하며, 관련된 수수께끼와 불가사의에 도전하기 위해 만들어졌다.

데이터
UMA가 주로 나타나는 나라, 처음 목격된 연도, 추정한 키나 몸길이 등

이름
UMA의 일반적인 호칭

실존도
UMA가 실제로 존재할 가능성이 높으면 ★의 수가 많다.

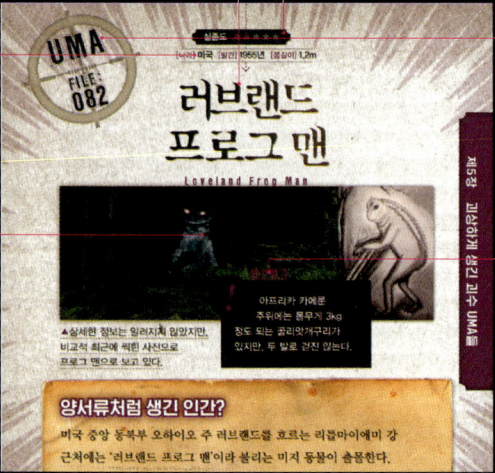

파일 넘버
1~98까지 소개한 UMA의 순번

사진
목격된 UMA의 사진과 재현 일러스트 등을 실었다.

메모
알아 두면 좋을 토막 상식

용어 해설

UFO	하늘을 나는 미지의 비행 물체. 대부분 외계에서 날아왔다고 추측하고 있다.
UMA	아직 그 존재가 확인되지 않은 동물의 총칭.
살아 있는 화석	고대 지구에 나타났다가 화석으로 발굴된 동식물이 현재도 그 상태 그대로 살아 있을 경우, '살아 있는 화석'이라고 한다.
수인	인간처럼 직립 보행을 하지만 온몸이 털로 뒤덮여 있는 미지 동물.
화석 인류	현재는 화석이 된 뼈만 확인할 수 있는 과거의 인류.
수장룡	고생대 쥐라기부터 백악기에 걸쳐 바다에서 번영했던 파충류. 목이 긴 특징이 있다.
수생 괴수	바다나 호수 등 물에 사는 미지 동물.
익룡	고생대 쥐라기부터 백악기에 이르기까지 번성했던 파충류. 피막으로 된 날개로 하늘을 난다.

3대 UMA 목격 사건 파일

제 1 장

네시, 빅풋, 그리고 예티…….
세계에서 가장 유명한
미지 동물 빅 3를 소개한다!

3대 UMA 목격 사건 파일 ①

호수에서 네시가 나타났다!

세계적으로 가장 유명한 미지 동물이 바로 영국 네스 호에서 살고 있다는 거대한 몸집의 네시다. 네시는 오랜 세월 멸종한 줄만 알았던 고대 생물이 살아남은 것일까? 아니면 새로이 나타난 것일까? 사람들의 마음을 단박에 휘어잡을 네시 목격 사건을 추적한다!

▲1977년 5월 21일, 호숫가에서 캠핑하던 앤서니 쉴즈가 촬영한 네시. 선명히 찍힌 사진이지만, 조작의 가능성이 크다고 말하는 연구가들도 있다.

Nessie

◀ 1933년 4월, 네시를 목격했다는 매케이 부인

▼ 매케이 부인의 목격담을 바탕으로 그린 네시의 모습. 검은 혹처럼 보이는 두 부분을 연결하면 약 6m나 되었다고 한다. 아쉽게도 사진은 찍지 못했다.

MEMO

네스 호는 전체 길이 35km의 좁고 긴 모양을 한 호수다. 최대 수심 약 200m. 1만 년 전, 빙하가 녹으면서 땅을 침식시켰고, 그 자리로 바닷물이 흘러들어 만들어졌다. 네스 호는 담수호로 겨울에도 얼지 않는다.

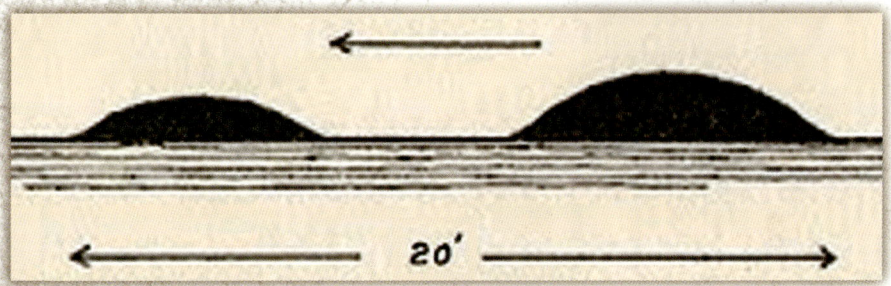

호수의 수면 위로 떠오른 검은 혹

영국 스코틀랜드 북부에 있는 좁고 긴 모양의 호수, 네스 호에 "괴물이 나타났다!"는 소식이 신문에 실린 건 1933년이었다. 당시 호수의 서쪽 언덕 부근에 국도가 막 개통되었던 때라 호수를 찾는 관광객이 조금씩 늘고 있었다. 4월 14일 오후 3시경이었다. 호수 근방에서 호텔을 운영하던 존 매케이와 도날디나 매케이 부부는 호수의 북쪽 언덕 쪽으로 드라이브를 하고 있었다. 그때 갑자기 매케이 부인이 호수에서 이상한 물체를 발견하고는 소리쳤다.

"존, 차를 세워요! 괴물이에요!"

아내가 가리킨 곳을 본 존은 호수에서 파도가 일어난 것을 보았다. 파도는 점점 커지더니 중심부에서 이상한 것이 솟구쳤다.

"저게 뭐야? 검은 혹처럼 보이는데?"

◀1934년 로버트 윌슨이 촬영한 네시. 하지만 그가 산부인과 의사라는 것이 밝혀졌고, 그의 지인은 네시의 사진이 조작된 것이라 폭로했다. 확실히 사진에 찍힌 파도와 비교하면 네시의 검은 그림자가 상당히 작다는 것을 알 수 있다.

▶1933년 휴 글레이가 네스 호의 피야즈 하구 근처에서 촬영한 네시의 사진

◀1955년 7월 29일, 금융가인 프랭크 맥너브가 아카트 성 부근에서 촬영한 네시의 뒷모습. 성의 높이가 약 20m이므로, 네시의 전체 몸길이가 15m 정도인 것으로 보인다.

깜짝 놀란 두 사람 앞에, 미지의 생물은 몸을 서서히 일으키더니 마침내 모습을 완전히 드러냈다. 이 사건은 신문에 보도되었고 "네스 호에 괴물이 산다!"는 기사는 전 세계에 큰 반향을 일으켰다. 사건 이후로도 '네시'로 불리게 된 괴물을 봤다는 사람들이 속출했다.

계속 이어지는 거대한 물짐승 목격담!

여기에서 대표적인 네시 사진 몇 가지를 소개하겠다.
1933년 11월 12일에는 회사원인 휴 글레이가 역사상 최초로 네시의 사진을 촬영했다. 1934년에는 도로 위를 걷던 수장룡처럼 생긴 거대한 생물이 목격되었다. 4월 19일에는 로버트 케네스 윌슨이 통칭, '외과의의 사진'이라 소개된 사진을 공개하며 '네스 호에는 수장룡이 살고 있을지도 모른다!'고 말해 세상을 깜짝 놀라게 했다. 하지만 1993년에 지인의 증언으로 잠수함

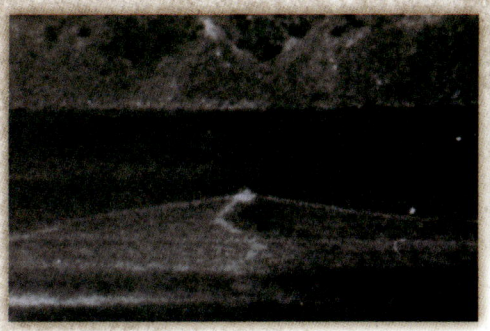

▲1960년, 박물학자인 피터 오코너가 가까이서 촬영한 네시

◀V자형의 파도를 일으키며 헤엄치는 네시. 괴물은 시속 16km의 속도로 이동했다.

◀팀 딘즈데일

▶565년에 쓰인 『성콜럼바의 생애』라는 책에 네스 호에는 인간을 습격하는 드래곤이 나타난다고 적혀 있다. 그 정체가 바로 네시로, 괴물은 호수에서 1,500년 전부터 살아왔던 건지도 모른다.

모형을 사용한 조작 사진이라는 것이 밝혀졌다.
1960년 4월 23일에는 네시 연구가인 팀 딘즈데일이 16mm 무비 필름으로 '헤엄치는 네시'를 촬영하는 데 성공했다.
더욱이 1977년 5월 21일, 호수에서 캠핑하던 앤서니 쉴즈가 선명한 컬러 사진을 촬영했다.
최초 목격담이 알려진 이후, 80년 이상의 시간이 흐른 지금도 네시를 봤다는 소식은 끊임없이 전해지고 있다. 하지만 유감스럽게도 목격담의 증거가 되는 사진 중에는 조작한 것으로 보이는 것도 다수 있다. 하지만 현재 과학적인 방법으로 수중 탐사를 시행 중이므로 조만간 성과가 있을 것으로 보인다.
다음 페이지부터 지금까지 시행된 신뢰할 만한 조사를 바탕으로 네시의 정체를 밝혀 보도록 하겠다.

Loch Ness Monster

실존도 ★★★★★

[나라] 영국
[발견] 1933년 [몸길이] 12m

네시

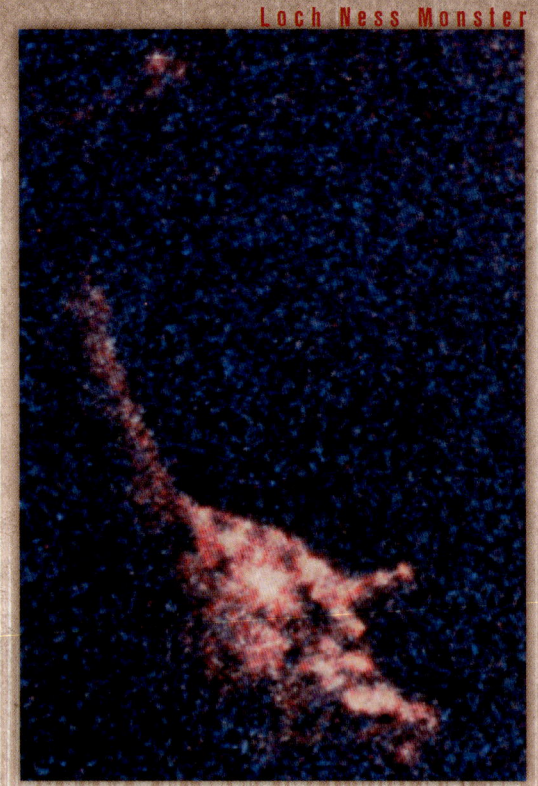

▶1975년 보스턴 응용과학 아카데미의 수중 카메라가 포착한 미지 생물. 네시의 몸 전체를 촬영한 결정적인 사진 중 하나다.

호수에 수장룡이 산다?

거대한 수중 생물인 '네시'가 사는 것으로 알려진 네스 호는 최대 수심이 약 200m이다. 호수의 물이 탁한 편이라, 잠수해도 확보할 수 있는 시계는 고작 3~5m 정도. 먹이인 물고기가 풍부해 네시가 숨어 살기에 최적의 환경을 갖추고 있다. 사람이 네시를 발견할 수 있는 건, 네시가 수면 위로 모습을 드러냈을 때뿐이다.

20세기에 접어든 뒤로 현재에 이르기까지 4천 명이 넘는 사람들이 네시로 추측되는 생물을 목격했다. 이에 네시 연구가인 팀 딘스델은 목격담들을 수집하고 분석하여 네시의 모습을 그려 냈다. 몸길이는 12m 전후, 그중 목의 길이와 꼬리의 길이가 비슷한데, 각각 3m 정도로 추정된다. 2개의 지느러미 비슷한 것이 달렸으며, 목과

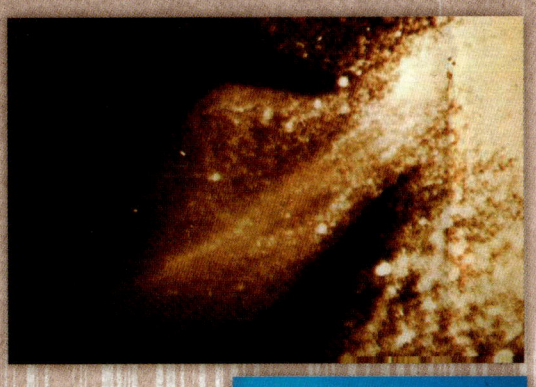

◀ 1972년에 시행된 수중 조사에서 스트로보 카메라가 촬영한 네시의 지느러미 같은 부분

▲ 35년 동안 네스 호를 조사해 온 로버트 라인즈 회장

▶ 1975년에 시행된 수중 조사에서는 수심 24m 부근에 있는 호수 밑바닥과 수심 12m 지점에 카메라가 설치되었다.

제1장 3대 UMA 목격 사건 파일

꼬리를 제외한 동체의 길이는 약 6m 정도다. 등에는 2개의 혹이 달려 있다. 머리는 몸과 비교하면 작은 편으로 머리에서 1개의 뿔과 돌기를 봤다는 사람도 제법 많았다.

그렇다면 도대체 네시의 정체는 무엇일까?

미국의 연구 단체, 로버트 라인즈 박사가 이끄는 보스턴 응용과학 아카데미가 대대적인 수중 조사를 하면서 네시의 수수께끼를 풀고자 했다. 전 세계적으로 가장 탁한 호수 중의 하나인 네스 호를 탐사하기 위해 사용된 것은 초음파를 이용한 수중 음파 탐지기와 스트로보 카메라였다. 1972년 8월 7일, 조사팀이 호수로 기기를 투입했다. 그리고 얼마 안 있어 거대한 물체의 그림자가 수중 음파 탐지기에 잡혔다. 당시에 조사팀이 촬영한 사진은 2천 장이 넘었는데, 그중에 수중 음파 탐지기가

23

▲1975년, 응용과학 아카데미 카메라가 포착한 네시의 머리 부분. 왼쪽은 네시의 머리를 상상하여 그린 일러스트다.

▲2002년, 관광객인 존슨 부부가 비디오카메라로 촬영한 영상. 헤엄을 치는 네시로 뱀처럼 생긴 긴 목을 볼 수 있다.

▶2000년에 호수 밑바닥에 설치한 카메라가 포착한 네시로 추측되는 생물의 머리 부분.

포착한 거대한 물체 일부도 찍혀 있었다. 훗날 NASA 소속의 전문 팀이 컴퓨터로 화상을 분석했는데, 그곳에는 마름모 모양의 50cm 정도 되는 지느러미 같은 것이 찍혀 있었다.

또한, 1975년에 다시 한 번 시행된 조사에서는 뿔이 달린 네시의 머리 부분처럼 보이는 것과 3m 정도 되는 목, 2.5m 정도의 몸통 부분이 포착되었다. 거대한 몸집의 생물이 네스 호에 산다는 것이 거의 확실해진 셈이다.

최근에는 호수 밑바닥에 설치한 웹 카메라와 아카트 성 부근에 설치한 라이브 영상을 네시의 정체를 밝히는 데 이용하고 있다.

하지만 이렇게 다양한 방법으로 조사했음에도 아직 네시의 정체를 확실히 밝히진 못했다. 겉모습만 보면 중생대 쥐라기(약 2억~1억 4천5백만 년 전)에서

▲1975년에 시행된 조사를 바탕으로 그린 마름모 모양의 지느러미를 지닌 네시

▲2003년 7월에 네스 호에서 발굴한 플레시오사우루스의 등골뼈 화석. 이곳에서 수장룡이 살았었다는 증거다.

▲미국 생물학자인 로이 맥컬의 '대형 양서류설'을 바탕으로 그린 네시의 모습. 3억 년 전에 발생한 엠볼로메리(Embolomeri)의 일종이다.

▲2010년에 촬영한 네시

백악기(약 1억 4천5백만 년 전~6천6백만 년 전)에 걸쳐 번영했던 수생 파충류인 수장룡이 현재까지 살아남은 것으로 볼 수 있다. 그 외에도 네시의 정체를 두고 대형 양서류설, 거대해진 지렁이설, 신종 수생 포유류설 등이 난무하고 있다.

하지만 네스 호는 약 1만 년 전에 생긴 것으로 추정되기에, 수장룡으로 보기엔 시기가 맞지 않는다. 하지만 옛날에는 바다와 연결되어 있었기 때문에, 바다에서 유입된 고대 생물이 호수에 정착하여 지금까지 번식하며 살아남았던 것이 아닐까 추측하는 학자도 있다.

네시가 진짜로 존재한다면, 위에서 언급한 여러 가설 중 정답은 무엇일까? 이 문제를 풀 수 있다면 금세기 최대의 빅뉴스가 되리라.

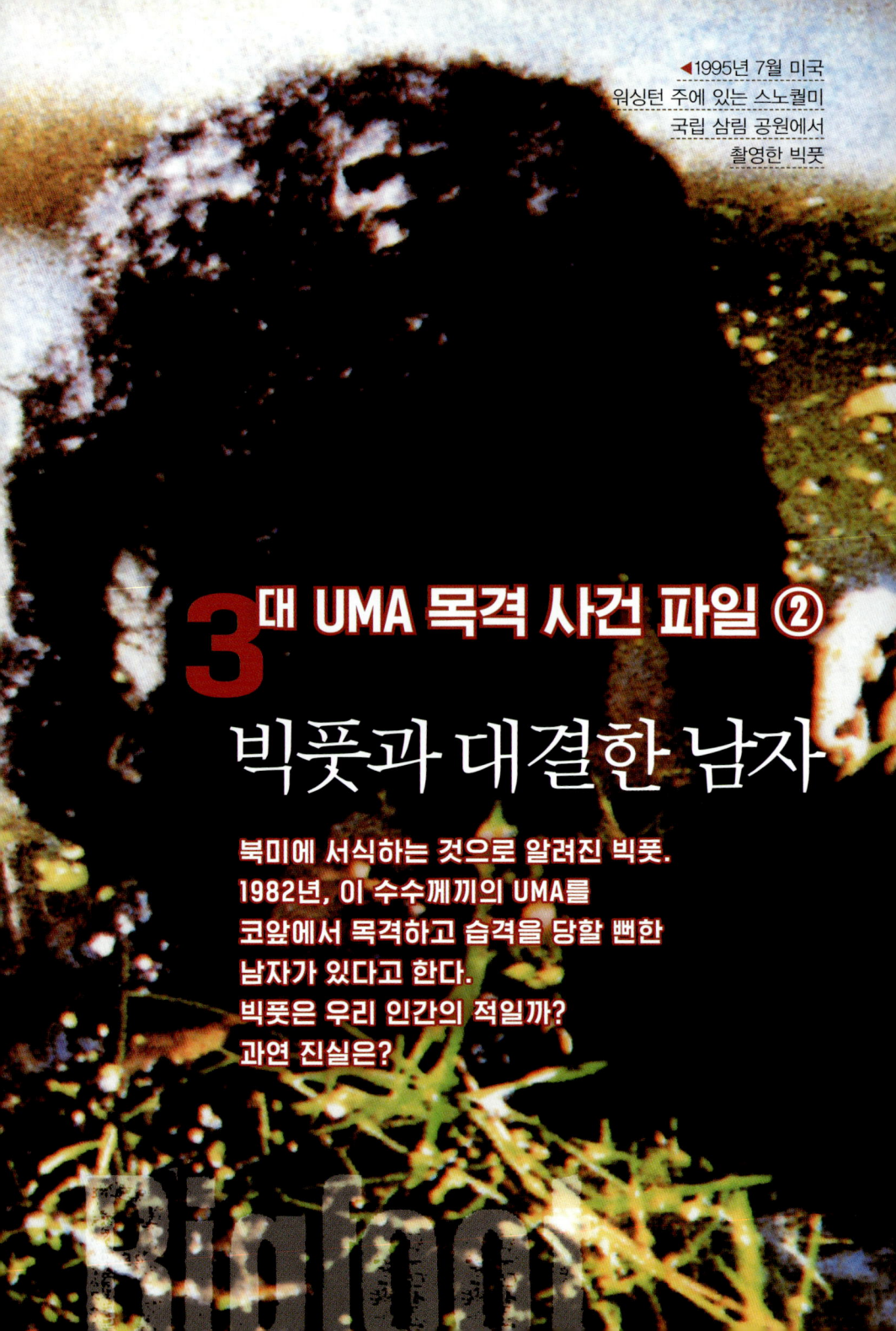

◀ 1995년 7월 미국 워싱턴 주에 있는 스노퀄미 국립 삼림 공원에서 촬영한 빅풋

3대 UMA 목격 사건 파일 ②

빅풋과 대결한 남자

북미에 서식하는 것으로 알려진 빅풋.
1982년, 이 수수께끼의 UMA를
코앞에서 목격하고 습격을 당할 뻔한
남자가 있다고 한다.
빅풋은 우리 인간의 적일까?
과연 진실은?

◀ 왼쪽 사진의 석고에는 지문이 남아 있다. 누군가 인위적으로 만든 것이 아닌, 영장류가 남긴 것임을 알 수 있다.

▲ 사건이 발생하고 12년이 지난 어느 날, 프리먼이 촬영에 성공한 빅풋

▲ 충격적인 사건의 주인공인 프리먼. 빅풋이 남긴 발자국을 석고로 뜬 것을 들고 있다.

빅풋과 대결하다!

1982년 6월 10일, 미국 서부 워싱턴 주와 오리건 주를 잇는 블루 산맥에서 경악할 만한 사건이 발생했다. 사건의 주인공은 워싱턴 주에 있는 와라와라 삼림 경비원인 폴 프리먼. 그날 근무 중이었던 폴 프리먼은 임도 부근의 경사면에서 수상한 그림자가 어른거리는 것을 발견했다. 2m가 넘는 체격을 지닌 거대한 괴물로 두 다리로 똑바로 서서 걷고 있었다. 괴물의 몸은 온통 적갈색 털로 뒤덮여 있었다. 괴물은 경사를 내려오더니 폴 프리먼을 향해 다가오기 시작했다.

"빅풋이야! 빅풋이 내 쪽으로 오고 있잖아!"

소문으로만 들었던 괴물이 눈앞에 모습을 드러낸 순간이었다. 쿵쿵! 묵직한 발걸음 소리를 내며 괴물이 가까이 다가왔다. 괴물과의 거리가 40m쯤 됐을 무렵, 괴물 역시 폴이 있다는 것을 눈치채고는 걸음을 멈추었다.

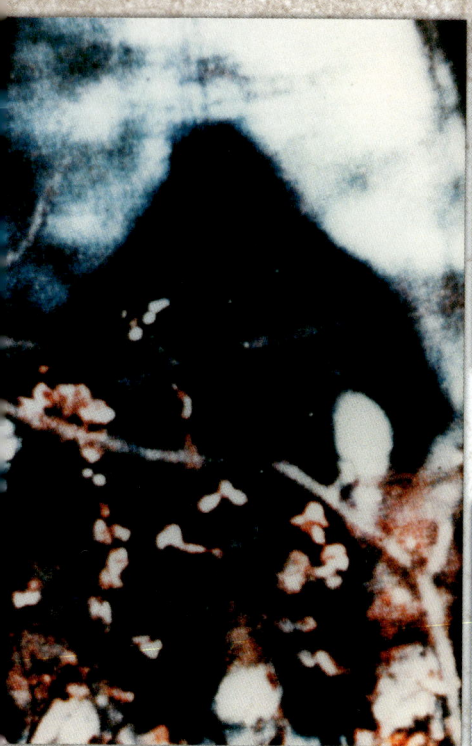

▲전자 현미경으로 빅풋의 털을 보면 인간의 털(오른쪽)과 구성 성분과 겉모습 모두 다르다는 것을 알 수 있다.

◀1924년에 빅풋을 납치, 감금했다고 말한 캐나다의 금광 채굴업자 앨버트 오스트먼. 하지만 그가 그 사실을 고백한 건, 사건을 일으킨 지 30년이나 지난 뒤였다.

▲1966년 미국, 오하이오 주 러브랜드에 나타난 빅풋

찰나의 순간, 둘의 시선이 맞부딪쳤다. 긴장으로 온몸이 굳은 폴에게는 굉장히 긴 시간이기도 했다. 폴은 그 순간을 이렇게 회상했다.
"서로 대치하고 있을 때, 저는 봤습니다. 놈의 머리 부분의 털이 바짝 곤두서는 것을요."
털이 곤두서는 것은 짐승이 적과 대치했을 때 보이는 현상이다. 폴은 놈이 자신을 덮칠 것을 직감했다.
하지만 폴의 예상은 빗나갔다. 이유는 알 수 없지만, 빅풋은 그대로 등을 돌려 사라져 버렸다. 폴은 안도의 한숨을 내쉬었다. 온몸이 식은땀으로 흠뻑 젖어 있었다. 그가 상부에 보고하자, 2시간 뒤에 경비대가 주축이 된 수색대가 조직되었다. 사방을 샅샅이 뒤지던 수색대는 길이 약 38cm의 거대한 발자국을 21개나 발견했다.

▲2006년, 미국 뉴욕 주 클래런스에서 촬영된 사진. 빅풋은 소형 트럭에 흥미를 보이는 중이다.

▶2006년 미국 오클라호마 주의 숲에서 자동 감지 카메라가 촬영한 미지 동물.

제1장 3대 UMA 목격 사건 파일

끝나지 않는 거대한 괴물 목격 사건

훗날, '와라와라 사건'으로 알려진 이 사건은 빅풋을 목격한 이래 가장 유명한 사건으로 사람들에게 회자되었다.

직립 보행을 하는 수수께끼의 괴물, 빅풋은 북미의 원주민 사이에서 오래전부터 전해 내려온 전설적인 존재다. 빅풋이 처음으로 세상에 나타난 건 1810년, 오리건 주의 컬럼비아 강 유역에서 길이 약 42cm 정도 되는 거대한 발자국이 발견되면서부터다.

그 후, 많은 사람이 빅풋을 보았다고 제보했지만, 와라와라 사건은 상당히 가까운 거리에서 빅풋을 목격했으며, 사건 발생 장소에 다수의 물적 증거가 남아 있기에 특히 의미가 있다.

빅풋의 정체는 도대체 무엇일까?

SECRET FILE

UMA FILE: 002

실존도 ★★★★★

[나라] 미국, 캐나다
[발견] 1810년 [키] 2.5~3m

빅풋

▶ 1967년 블러프 크리크에서 움직이는 모습이 포착된 빅풋

거대한 털북숭이 괴물

미국과 캐나다 서부 로키 산맥 지대를 중심으로 수많은 지역에서 목격되고 있는, 전 세계적으로 유명한 UMA가 바로 직립 보행을 하는 '빅풋'이다. 캐나다에서는 '사스콰치'라고도 부른다.

빅풋(Big foot)은 '거대한 발'이라는 뜻이다. 그 이름대로 발견된 발자국은 하나같이 길이 35~40cm 정도로 거대했다.

키는 약 2.5~3m 정도로 추정된다. 체중은 200~350kg. 팔이 길고 체격은 우람하다. 얼굴과 손바닥, 발바닥을 제외한 전신이 약 5~10cm의 털로 뒤덮여 있다. 머리 꼭대기는 뒤쪽으로 높게 솟아 있다.

조용한 성격에 잡식성으로 추측되며 대부분 홀로 다니지만, 가끔 암컷과 수컷, 그리고 새끼까지 함께 이동할 때도 있다.

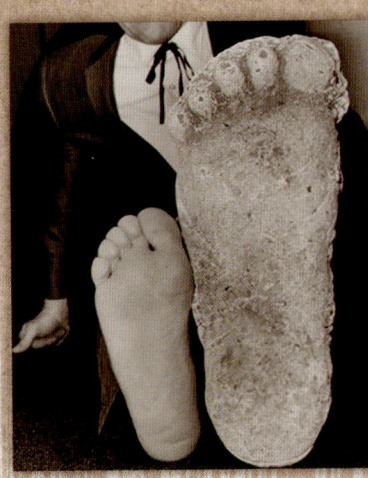

◀ 블러프 크리크에서 채취한 발자국의 석고 모형과 자신의 발 크기를 비교하는 로저 패터슨

▶ 최근 들어 컴퓨터를 이용하여 보다 선명히 얼굴을 확인할 수 있게 된 빅풋

▼ 사진의 전체 모습. 촬영 장소는 빅풋이 있는 곳과 100m 정도 떨어져 있었다.

▲ 빅풋의 발바닥. 어쩐지 부자연스러운 모양이다.

제1장 3대 UMA 목격 사건 파일

빅풋은 목격한 사람도 목격 사진도 많은 축에 들지만, '움직이는 빅풋'이 선명히 찍힌 것은 1967년이었다. 캘리포니아 주에 있는 계곡에서 로저 패터슨과 밥 김린이 촬영한 필름이 바로 그 주인공.

1967년 10월 10일, 로저 패터슨 일행은 한 달 전에 캐나다의 인류학자가 수인의 발자국을 발견했다는 블러프 크리크로 출발, 현장에 도착한 뒤 16mm 필름 카메라를 설치하고 기다렸다. 그날 오후 3시 30분, 예상대로 빅풋이 모습을 드러냈다.

빅풋은 몇 번이나 카메라를 보고 의아해하면서 천천히 숲 속으로 걸어 들어갔다. 필름이 공개되자 세상이 떠들썩해졌다.

하지만 동시에 사람이 빅풋처럼 보이는 옷을 입고 흉내 낸 것이 아니냐고 의심하는 사람들도 적지 않았다.

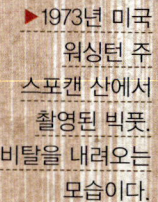

▲2010년 미국 메인 주에서 나뭇가지 위에 올라탄 빅풋의 모습이 처음으로 찍혔다.

▶1973년 미국 워싱턴 주 스포캔 산에서 촬영된 빅풋. 비탈을 내려오는 모습이다.

▲2012년 8월, 캐나다 온타리오 주 어느 호수 부근에서 한 소녀가 어린 빅풋을 촬영했다. 주위에는 30cm 정도의 작은 발자국이 나 있었다.

예를 들어 스미소니언 박물관의 인류학자는 유인원에게서는 볼 수 없는 가슴 털이 이 빅풋에게는 있다는 점을 꼬집으며 "이는 빅풋 옷을 뒤집어쓰고 찍은 조작 사진이다!"라고 주장했다.

하지만 소련(현재의 러시아)의 모스크바 과학 아카데미의 연구가는 필름을 분석한 결과 진짜라며 반론을 펼쳤다. 걸을 때 근육의 움직임과 해부학적 특징이 사람과 전혀 다르다고 발표했다.

이 '패터슨 필름'이 진짜인지 아닌지에 대해서는 아직도 결론이 나지 않았다. 2004년에는 "내가 빅풋의 옷을 입었다!"고 주장한 밥 히에로니무스라는 인물이 나타났지만, 입었다던 빅풋의 옷이 지금 어디에 있는지는 말하지 않았다.

또한, 2010년에는 미국 텔레비전 방송에서 빅풋의 옷을 입고 재연하는

▶ 2005년 미국 워싱턴 주의 실버 스타 산에서 목격된 빅풋

▲ 2009년, 미국 미네소타 주에서 자동 감지 카메라가 촬영한 빅풋

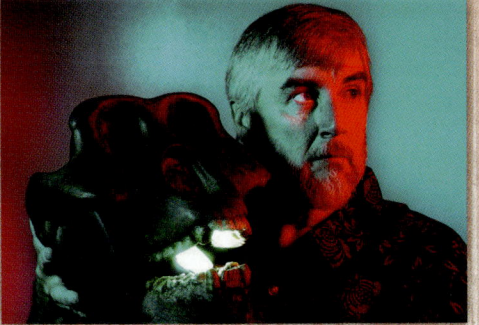

◀ 2005년에 미국 워싱턴 주 숲에 나타난 빅풋

▲ 미국 미지 동물 연구가인 로레인 콜먼. 손에 들고 있는 건 실제 크기로 만든 기간토피테쿠스의 두개골 모형이다.

제1장 3대 UMA 목격 사건 파일

실험을 했는데, 필름에 찍힌 것과 같은 움직임을 똑같이 따라 하진 못했다. 도대체 빅풋의 정체는 무엇일까?

미국의 미지 동물 연구가인 로레인 콜먼은 약 30만 년 전에 멸종한 것으로 알려진 거대 영장류 기간토피테쿠스의 후손이라는 가설을 내놓았다. 하지만 기간토피테쿠스는 아시아에만 서식했을 뿐만 아니라 화석으로 유추할 때 고릴라처럼 네 발로만 걸어 다녔을 가능성도 배제할 수 없다는 문제가 남아 있다.

현재도 미국과 러시아에서는 빅풋에 대한 연구가 진행되고 있다. 가까운 미래에 빅풋의 정체가 밝혀질 것으로 기대한다.

3대 UMA 목격 사건 파일 ③

눈 위에 드리워진 검은 그림자는 예티일까?

인도와 네팔, 눈 덮인 히말라야의
깊은 산속에서 등반가들은 때때로
'모습이 없는 목소리'나
'검은 그림자'를 목격한다.
그것이 바로 설남(雪男)으로도
불리는 예티다.
1986년 경악할 만한
목격 사건이 발생했다.

▶ 히말라야 산에서 촬영한
수수께끼의 발자국. 눈이 다소
녹아 있어서 염소의 발자국인지
아니면 예티의 것인지 구분할 수 없다.

Yeti

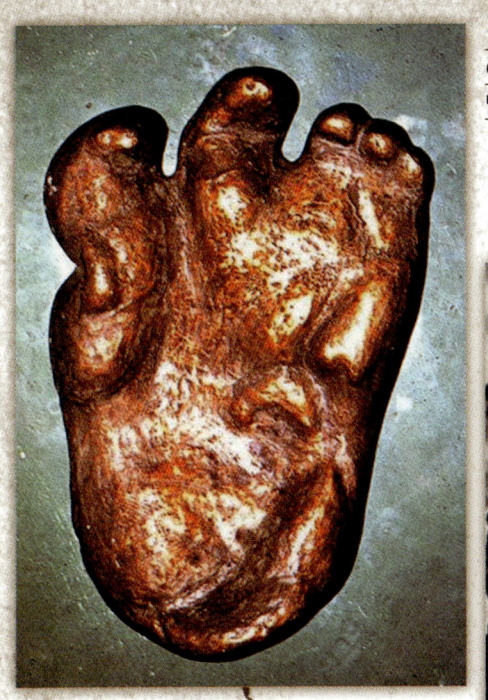

◀예티의 발자국을 재현한 입체 모형. 이미 멸종한 유인원의 것과 비슷한 발 모양이다.

▶빙하 위에서 예티의 발자국을 발견한 에릭 십튼

제1장 3대 UMA 목격 사건 파일

정신없이 촬영한 예티의 모습

티베트의 오래된 신화에도 등장할 만큼 예티의 역사는 길다. 그러나 유럽에서 존재를 인정받은 건 1889년, 영국의 L. 오스틴 워델 육군 중위가 눈 위에 찍혀 있던 기묘한 발자국을 발견하고서다.

그리고 1951년, 마침내 예티가 전 세계에서 주목을 받는 사건이 일어난다. 영국의 등산가인 에릭 십튼이 해발 고도 6,000m 지점에서 촬영한 '미지 동물의 거대한 발자국'을 발표했다. 이를 계기로 수많은 탐험가가 예티를 찾기 위해 히말라야로 향했다.

1986년 3월 6일, 히말라야 산맥 일대를 돌던 영국 등산가 앤서니 울드리지는 목적지를 눈앞에 두고 있었다.

목적지를 향하던 앤서니는 눈 위에 뭔가 찍혀 있는 것을 발견했다. 발자국이었다. 발자국을 따라가다 보니 눈사태로 중간에 끊겨 있었다.

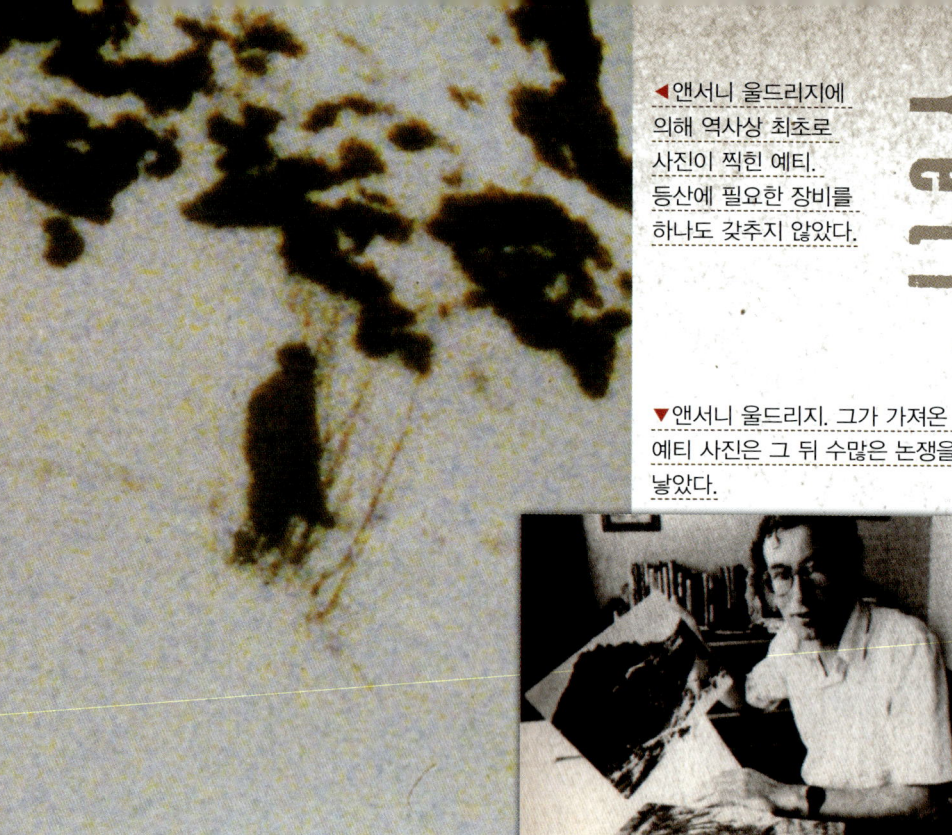

◀앤서니 울드리지에 의해 역사상 최초로 사진이 찍힌 예티. 등산에 필요한 장비를 하나도 갖추지 않았다.

▼앤서니 울드리지. 그가 가져온 예티 사진은 그 뒤 수많은 논쟁을 낳았다.

앤서니는 눈의 안정도를 조사하기 위해 눈사태가 발생한 방향을 향해 수백 미터 걸어갔다.

그러자 전방 150m 앞에 검은 그림자 비슷한 것이 서 있었다. 키는 약 180cm 정도. 몸집이나 체형이 인간과 비슷했다. 하지만 머리는 각이 졌고 거대했으며, 온몸이 검은 털로 뒤덮여 있는 것처럼 보였.

"예티다! 저게 바로 예티야!"

그는 정신없이 카메라 셔터를 눌렀다.

히말라야에는 미지의 괴물이 산다!

앤서니 울드리지가 촬영한 사진이 공개되자, 전 세계는 큰 충격에 빠졌다. 역사상 최초로 예티를 찍은 이 사진이 과연 진짜인지 아니면 조작된 것인지를 두고 격렬한 논쟁을 벌이기 시작했다. 그때까지 예티가

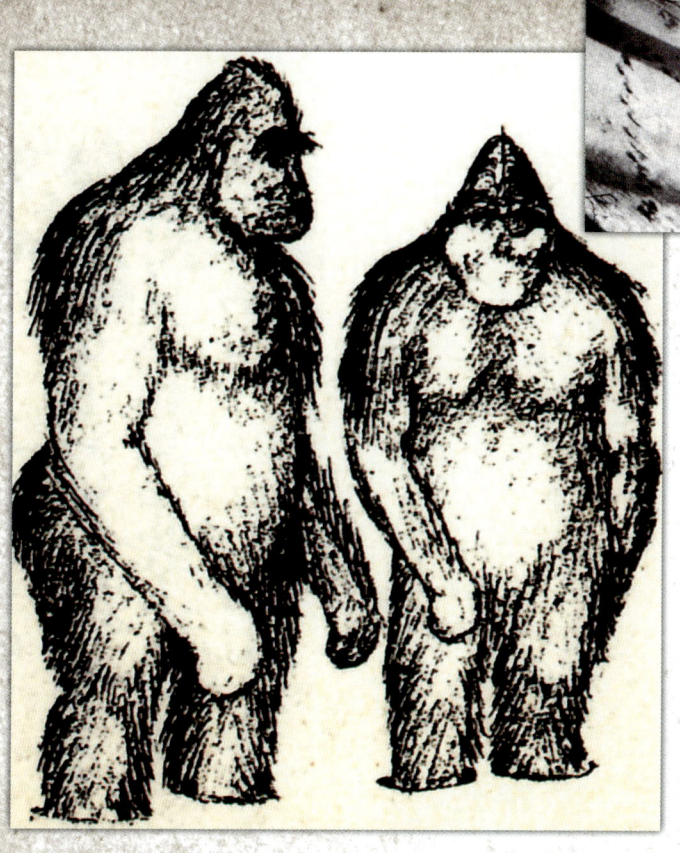

▲예티를 목격하기 직전, 앤서니 울드리지가 발견한 수수께끼의 발자국

◀1942년 구소련 시베리아의 포로 수용소를 탈출한 5명의 폴란드 인이 목격했다는 두 마리의 예티

실재한다고 믿지 않았던 영국의 영장류 학자인 로버트 D. 마틴도 다음과 같은 결론을 내려, 사진의 진위에 무게를 실어 주었다.
"지금 신문 기자들도 모르는 대형 영장류가 히말라야 산속에 사는 것 같다."
하지만 한편에서는 눈에 덮이지 않은 검은 바위의 모양이 사람과 비슷했을 뿐이라고 말하는 사람들도 있었다. 사실 사진만 봐서는
이 미지 동물의 움직임을 전혀 알 수 없기 때문이다.
물론 예티가 실재한다는 것을 증명할 만한 증거도 제법 있다.
예티를 둘러싼 수많은 물적 증거와 목격담을 이제부터 차근히 풀어
보도록 하겠다.

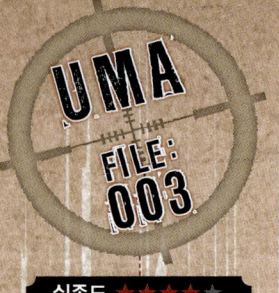

UMA FILE: 003

Yeti

실존도 ★★★★☆

[나라] 히말라야 산맥
[발견] 1889년 [키] 1.5~4.5m

예티

▲1998년에 비디오로 촬영한 예티. 히말라야 산속 경사를 오르는 그림자의 정체는?

눈 덮인 산속 깊은 곳에 숨어 사는 아시아의 괴물

북미의 빅풋과 함께 세계에서 둘째가라면 서러울 정도로 유명한 미지 동물 중 하나가 바로 '예티'다. 예티는 북부 네팔 어로, '예=바위가 많은 곳, 티=동물'이라는 뜻이다.

접근하기 쉽지 않은 히말라야 산맥에서 주로 발견되므로 빅풋과 비교하면 목격담이나 촬영 영상은 그렇게 많지 않다. 다양한 목격담을 종합하면, 다음과 같은 겉모습을 지닌 것으로 보인다.

먼저 크기에 따라 종류가 세 가지인 것으로 추측된다. 키가 4.5m나 되는 대형, 2.5m 정도 되는 중형, 그리고 1.5m 정도 되는 소형이다. 세 종류 모두 성격은 온화하며 육식성이다. 온몸이 털로 뒤덮여 있으며 직립 보행을 한다. 주로 목격되는 건 중형 타입인데, 해발 고도

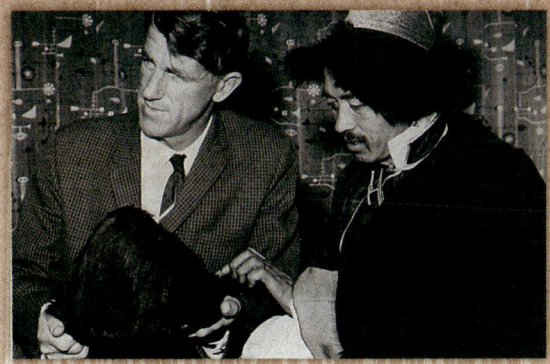
▲예티의 머리 가죽을 들고 있는 에드먼드 힐러리(왼쪽)와 현지 안내자인 텐징 노르가이

▲1998년, 미국 등산가인 크레이그 캐로니카가 목격했다는 예티의 스케치. 정수리가 뾰족하게 솟아 있다.

▲1954년에 결성된 데일리 메일 조사대

제1장 3대 UMA 목격 사건 파일

4,000~7,600m에서 출몰하며 발자국을 흔적으로 남긴다. 예티는 눈 위의 발자국뿐만 아니라, 신체 일부분도 흔적으로 남겼다. 예를 들어 '예티의 머리 가죽'을 들 수 있다. 이것은 1954년에 영국 신문 '데일리 메일'이 결성한 탐사대가 거둔 수확 중 하나로, 세상에 알려지자마자 큰 반응을 불러일으켰다.
조사 결과 예티의 머리 가죽은 총 3개가 있는데, 각각 히말라야에 있는 세 곳의 절에 안치되어 있었다. 3개 모두 원뿔꼴이었다.
1960년에는 에베레스트를 최초로 등정한 에드먼드 힐러리가 그중 1개를 들고 귀국했다. 하지만 학자들의 조사 결과, 그것은 히말라야산양의 가죽으로 만든 것임이 밝혀졌다. 그 때문에 '예티의 머리 가죽=조작된 것'이라는 인식이 팽배해졌다. 하지만 이와는 별개의 가설도 존재한다.

▲데일리 메일 조사대가 팡포체 마을에 있는 사원에서 발견한 예티의 머리 가죽.

▲히말라야 사원에 안치되어 있던 예티의 손뼈. 인간의 손과 흡사한 모양이다.

▶2003년 8월, 러시아 생물학자인 세르게이 세묘노프가 알타이 산맥에서 발견한 예티의 것으로 추정되는 발

1959년 일본 도쿄대 의학부에서 결성된 설남 탐험대가 에드먼드 힐러리가 간 곳과는 다른 사원에서 머리 가죽의 털을 몇 가닥 가지고 돌아왔다. 털을 분석한 이들은 다음과 같은 결과를 발표했다.
"털의 성분으로 봤을 때 영장류이며, 유인원과 사람에 가까운 생물 중 하나일 가능성을 부정할 수 없다."
그렇다면 도대체 누구의 말이 맞는 것일까? 예티의 머리 가죽을 둘러싼 미스터리는 아직도 명확히 풀리지 않았다.
예티의 정체를 두고 여러 가지 가설들이 난무하고 있다. 그중에서 가장 유력한 가설은 '기간토피테쿠스의 생존설'이다. 사실 기간토피테쿠스가 살았던 중국 남부 일대는 예티가 자주 출몰하는 지대와 근접한 곳이다. 하지만 이와는 별개로 흥미로운 가설이 있다. 일본의 등산가이자 예티

▲1997년에 네부카 마코토가 촬영한 뒤 2003년에 소개한 티베트불곰의 표본

▶2008년 9월, 일본 예티 수색대가 네팔의 다울라기리 산, 해발 고도 4,400m 지점에서 예티의 것으로 보이는 미지 동물의 발자국을 찾아냈다.

제1장 3대 UMA 목격 사건 파일

연구가이기도 한 네부카 마코토가 2003년에 '티베트불곰 오인설'을 발표한 것이다.
불곰은 온몸이 털로 뒤덮여 있고, 직립 보행하기도 한다.
게다가 이 가설을 뒷받침할 만한 놀라운 소식이 날아들었다. 2013년 10월, 영국 옥스퍼드 대학의 유전학 교수인 브라이언 사이크스가 히말라야 산맥에서 채취한 예티의 것으로 추정되는 동물의 털을 조사한 결과, 고대의 북극곰과 DNA(유전자 정보)가 일치한다고 발표한 것이다.
예티는 어쩌면 '수인'이 아닐지도 모르겠다. 하지만 미지 동물일 가능성은 더 높아졌다. 예티를 목격한 사람 중에는 경험이 풍부한 전문 산악인들이 많았다. 그들조차 정체를 파악하지 못하는 무엇인가가 히말라야의 눈 속에 숨어 사는 것이다.

[칼럼] 과연 그렇구나! 미지 동물학 ❶

UMA 연구란 무엇인가?

외벨망과 샌더슨

히말라야 산속에 숨어 산다는 예티, 영국 네스 호에 산다는 네시, 오래전 멸종된 줄 알았던 익룡과 공룡과 흡사한 괴물들. 그것들은 정말 멸종의 위기에서 벗어나 현재까지 살아남은 고대 생물인 걸까? 아니면 다른 것과 착각한 것일까? 혹시 외계에서 온 생명체는 아닐까?

미지 동물은 존재를 증명할 만한 구체적인 증거가 거의 없기에 개중에는 뜬소문에 지나지 않는 것도 다수 있다. 즉, '과학적'이라고 말할 수 없는 것들이 많다. 그 때문에 동물학과 인류학에서는 다루기 어려운 주제이기도 했다. 이들 미지 동물을 뜻하는 'UMA'는 영어의 첫 글자를 딴 것으로, 일본에서 독자적으로 부르는 명칭이기도 하다. 외국에서는 미지 동물을 '히든 애니멀(Hidden Animal, 신비 동물)'이라 부르며, 정식 학문은 아니지만 신비 동물을 연구하는 신비 동물학(Cryptozoology)이라는 분야가 자리를 잡고 있다.

신비 동물학이 자리 잡을 수 있는 토대를 마련한 인물이 벨기에 출신의 동물학자인 베르나르 외벨망

▶벨기에 출신의 프랑스의 미지 동물학자, 베르나르 외벨망(1916~2001년). 1982년 국제 신비 동물학회의 초대 회장에 취임했다.

◀영국 출신의 아이반 샌더슨(1911~1973년). 생물학에 정통한 가장 저명한 미지 동물학자 중 한 사람이다.

박사다. 외벨망 박사는 원래 아프리카 땅돼지를 연구하던 동물학자였다. 그런 그의 인생을 바꾼 것이 바로 1948년에 잡지에 게재된 다음 기사였다.

"아프리카에는 공룡이 아직 살아 있을지도 모른다!"
공룡은 6천6백만 년 전에 멸종한 생물이다. 현재까지 살아 있을 리가 없다. 그런데 어떻게 '가능성이 있다'고 했을까? 도발적이고 충격적인 기사를 쓴 이는 영국 출신의 아이반 샌더슨이라는 과학 저널리스트였다.

아이반 샌더슨은 케임브리지 대학에서 민족학과 식물학을 공부했다. 그리고 정글 탐험을 통해 미지 동물에 대한 정보를 모았다. 당시 아프리카는 서구 사람들에겐 수수께끼와 로망이 가득한 대륙이었다. 아이반 샌더슨의 기사에 자극을 받은 베르나르 외벨망은 미지 동물 연구를 하기로 한다.

다시 살아난 '살아 있는 화석'

동물학뿐만 아니라, 인류학, 생물학, 지질학, 민족학 등의 다양한 지식을 모으고 재조합할 필요가 있다. 물론 이 '신비 동물' 중에서 존재가 확인된 개체는 UMA가 아닌 정식 동물로 인정받게 된다.

그렇다면 지금까지 존재가 확인된 '미지 동물'이 있었을까? 답은 '있다'이다. 어디 그것뿐인가. 외벨망 박사라면 '셀 수 없을 만큼 많다!'고 강조할지도 모른다. 예를 들어 1938년, 그때까지 공룡과 함께 멸종한 것으로 알려진 전설 속의 물고기 '실러캔스'가 인도양에서 모습을 드러냈다. 1900년에는 콩고의 숲 속 깊은 곳에서 기린 조상의 모습을 그대로 가진 '오카피'가 발견되었다. 2013년에는 마의 괴물 크라켄으로 추측되는 대왕오징어의 일종이 심해에서 포착되기도 했다. 실러캔스처럼 화석에 남은 모습과 거의 달라진 것이 없는 생물을 '살아 있는 화석'이라고 한다.

미지 동물학자는 이러한 생물들의 흔적을 열과 성의를 다해 추적한다. 설령 그것이 멸종한 것이 분명한 공룡과 화석 인류, 요괴나 외계 생명체라고 해도 목격자와 목격된 장소가 있다면 그곳으로 달려가 과학적인 수단과 방법을 동원하여 어떻게든 실마리를 잡고자 노력하는 사람들인 셈이다.

◀1938년에 아프리카 동안 인도양에서 발견된 실러캔스 (라티메리아속 서인도양 실러캔스)

육지에서 숨어 사는 수인(獸人) UMA들

제 2 장

세계적으로 경치가 아름답기로
소문난 곳에 화석 인류가 살고 있었다?
산속 깊은 곳에서 목격된
수인들을 소개한다!

UMA FILE: 004

Minnesota Iceman

실존도 ★★★★☆

[나라] 미국?
[발견] 1967년? [키] 1.4m

미네소타 아이스 맨

▶ 냉동 장치에 넣은 미네소타 아이스 맨의 실물

베트남 출신의 냉동된 •수인

1967년부터 이듬해까지 미국 각지에서 열린 축제나 행사장에 공개되어 유명해진 것이 바로 '미네소타 아이스 맨'이라고 불리는 냉동된 수인이다. 손발이 길며, 온몸에 털이 무성한 털북숭이로 배는 나무통처럼 부풀어 있었다.

전국을 돌아다니며 아이스 맨을 공개한 프랭크 한센의 말에 따르면 이 짐승 인간의 시체는 알래스카와 시베리아에 둘러싸인 베링 해를 표류하던 약 260kg 정도 되는 얼음덩어리에서 발견됐다고 한다.

이 기묘한 생물의 정체를 밝히기 위해 미국 생물학자인 아이반 샌더슨과 프랑스의 동물학자인 베르나르 외벨망이 프랭크 한센의 자택이 있는 미네소타 주 와이노아를 방문했다.

● 수인(獸人) : 신화 속에 나오는 짐승의 머리와 사람의 몸을 가진 생물을 일컫는 말

▼ 미네소타 아이스 맨을 미국에 공개한 프랭크 한센. 신기하게도 공개하던 중에는 단 한 번도 얼음이 녹지 않았다.

▲ 미네소타 아이스 맨을 재현한 일러스트

◀ 아이스 맨의 손톱 끝에는 털이 나 있지 않다.

제2장 육지에서 숨어 사는 수인(獸人) UMA들

미지 동물학에선 최고의 권위자였던 두 사람은 미네소타 아이스 맨에 대해 다음과 같이 말했다.
"유인원보다 인간에 가까운 미지 생물이다."
하지만 조사 도중, 놀라운 사실 하나가 밝혀졌다. 미네소타 아이스 맨의 몸에 총상 흔적이 발견된 것이다.
아이스 맨이 총에 맞은 적이 있다는 사실이 FBI(미 연방 조사국)의 귀에 들어가자, FBI는 와이노아의 보안관을 프랭크 한센의 집으로 보냈다.
"아이스 맨의 사체는 진짜입니까? 사살된 것 같다는 이야기가 있던데 맞습니까?"
보안관의 질문에 프랭크는 이렇게 답했다고 한다.
"사실 대중에 공개한 아이스 맨은 진짜가 아니라 만든 것입니다."

▲ 미네소타 아이스 맨의 얼굴. 얼음에 뒤덮여 있어 자세한 모습은 파악하기 어렵다.

▶ 미네소타 아이스 맨의 전신. 왼팔로 얼굴을 가리려는 것 같다.

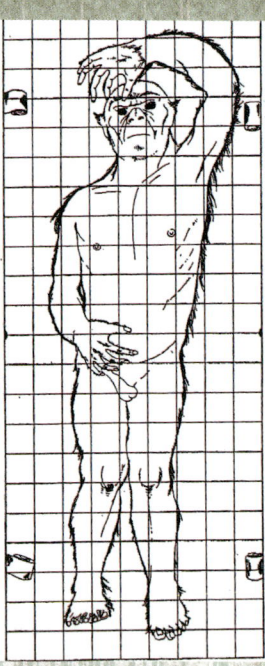

▲ 냉동 장치에 보관 중이었던 미네소타 아이스 맨의 일러스트

그 직후, 프랭크 한센은 트레일러에 아이스 맨을 싣고 그대로 도망치고 말았다.

그로부터 한 달 뒤, 집으로 돌아온 그는 기자 회견을 열고 자신이 세상에 내보인 것은 가짜였지만, 진짜를 공개할 경우 훼손될 우려가 있어서라고 해명했다. 더불어,

"제가 집에서 보여드린 아이스 맨은 진짜였습니다."

라고 말했다. 그렇다면 진짜 아이스 맨의 사체는 어디에 있을까? 프랭크 한센은 자신도 아이스 맨을 누군가에게 빌렸으며, 지금은 주인에게 돌려줬다고 말했다. 하지만 주인이 누구인지는 끝까지 말하지 않아, 현재 아이스 맨의 행방은 묘연한 상태다.

그 후에 이어진 조사에서 아이스 맨은 사실 베링 해에서 발견된 것이

▲ 아이스 맨을 조사 중인 베르나르 외벨망(왼쪽)과 아이반 샌더슨(오른쪽)

▲ 베르나르 외벨망 박사의 주장을 바탕으로 그린 미네소타 아이스 맨의 상상도

MEMO

네안데르탈인은 20만 년 전에 지구에 나타나 2만 년 전에 멸종한 사람속에 속하는 종이다. 현생 인류인 호모 사피엔스와 가장 가까운 종이기도 하다. 유럽에서 아시아에 걸쳐 분포한 것으로 보고 있다.

제2장 목지에서 숨어 사는 수인(獸人) UMA들

아니라 동남아시아 베트남에서 살던 생물이라는 사실이 밝혀졌다. 베트남 전쟁(1960~1975년) 때 미군에게 사살된 뒤, 당시 사건 현장에 있던 군인 중 하나였던 프랭크 한센에 의해 미국까지 옮겨졌다. 그렇다면 아이스 맨은 여전히 그가 보관 중인 걸까? 아이스 맨이 베트남에서 왔다는 사실을 안 베르나르 외벨망은 이렇게 말했다.

"베트남 현지인들이 '숲의 인간'이라고 부르는 수인이 바로 아이스 맨으로, 네안데르탈인의 후손일지도 모른다."

어쨌든 아이스 맨의 사체가 어디에 있는지는 여전히 파악되지 않아 그의 정체를 정확히 밝히는 것도 지금은 어려울 뿐이다.

Skunk Ape

실존도 ★★★☆☆

[나라] 미국
[발견] 1942년 [키] 2m

스컹크 에이프

▲ 2000년에 미야카 국립 공원에서 촬영한 스컹크 에이프

강렬한 악취를 풍기는 거대한 수인

미국 남부 플로리다 주 부근에 사는 수인이 '스컹크 에이프'이다. 이름에 있는 '스컹크'라는 단어에서도 짐작할 수 있듯이 엄청난 악취를 뿜는 것이 특징이다.

체중이 약 150kg 정도로 추정되는 대형 수인이며 직립 보행을 하는 것으로 알려졌다. 온몸이 털로 뒤덮였고, 외모는 오랑우탄과 비슷하다고 한다.

스컹크 에이프는 1942년부터 목격되기 시작했지만, 2000년에 들어서야 근접 촬영에 성공해 존재를 입증할 수 있는 증거가 마련되었다. 이 사진을 플로리다 주의 미야카 국립 공원 부근에서 찍었기 때문에 '미야카 스컹크 에이프'라고도 불린다. 하지만 사진이 진짜인지 의심하는 사람들도 많아

◀ 2001년 주디 케이슬리가 플로리다 주 빅사이프러스 국립 보호구에서 촬영한 스컹크 에이프. 왼쪽 손이 마치 장갑을 낀 것처럼 보인다.

▲ 1997년에 플로리다 주에서 데이비드 시리가 촬영한 두 발로 걷는 스컹크 에이프의 사진

▲ 데이비드 시리가 스컹크 에이프의 발자국 석고 모형을 들고 있다.

MEMO

스컹크는 적이 가까이 다가오면 마지막 수단으로 엉덩이에서 악취를 풍기는 액체를 발사한다. 스컹크 에이프도 인간이 나타나면 그들을 쫓아내기 위해 악취를 내뿜는 것으로 추측된다.

제2장 목지에서 숨어 사는 수인(獸人) UMA들

UMA 연구가들 사이에선 여전히 뜨거운 감자이다.
미야카 스컹크 에이프 사진을 계기로 스컹크 에이프를 목격했다는 사람들과 증거들이 밀려들기 시작했다. 게다가 이 괴물에게 사람은 물론이거니와 고양이, 개까지도 공격당했다는 증언까지 날아들었다. 아직 스컹크 에이프의 정체를 밝히진 못했지만, 동물원에서 도망쳐 야생화된 수마트라오랑우탄이나 이족 보행을 하는 새로운 종류의 원숭이라고 생각하는 사람들도 많다.
다만 이런 가설만으로는 수많은 사람이 입을 모아 말하는, 이 괴물이 풍기는 악취를 설명할 길이 없다.

Yeren

실존도 ★★★☆☆

[나라] 중국
[발견] 1940년경 [키] 1.8~2m

예렌

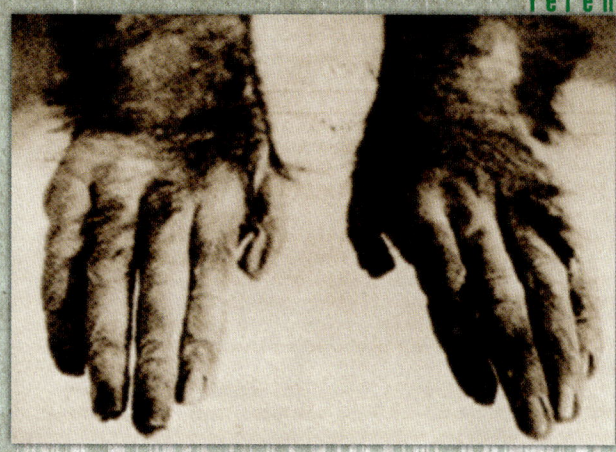

▲1957년에 주민을 습격한 탓에 죽임을 당한 예렌의 손. 제2차 조사대가 발표했다.

◀선눙자에서 목격했다는 예렌의 모습. 털이 길고 이족 보행을 한다.

중국 오지에서 발견된 미지의 영장류!

1970년대 중국 동부의 후베이 성에 있는 원시림 선눙자를 중심으로 키 2m 정도 되는, 온몸이 털로 뒤덮인 직립 보행하는 수인을 목격했다는 사람들이 끊이질 않았다. 선눙자 사람들은 이 수인을 '예렌(野人)'이라 부르는데, 예렌의 목격담만 250건이 넘는다.

예렌을 목격했다는 사람들이 늘어나자, 결국 국가 차원에서 조사에 들어갔다. 1977년 3월, 중국 과학원은 과학자와 공안, 공무원 등 100명이 넘는 사람들을 동원해 '후베이 성 북부 괴이 생물 조사대'를 결성하고 대대적으로 예렌을 조사하기 시작했다. 조사대는 약 반년 동안 활동했는데, 그동안 예렌을 직접 목격하지는 못했지만 새로운 정보를 수집하고 50건 이상의 털과 발자국 등을 채취하는 데 성공했다.

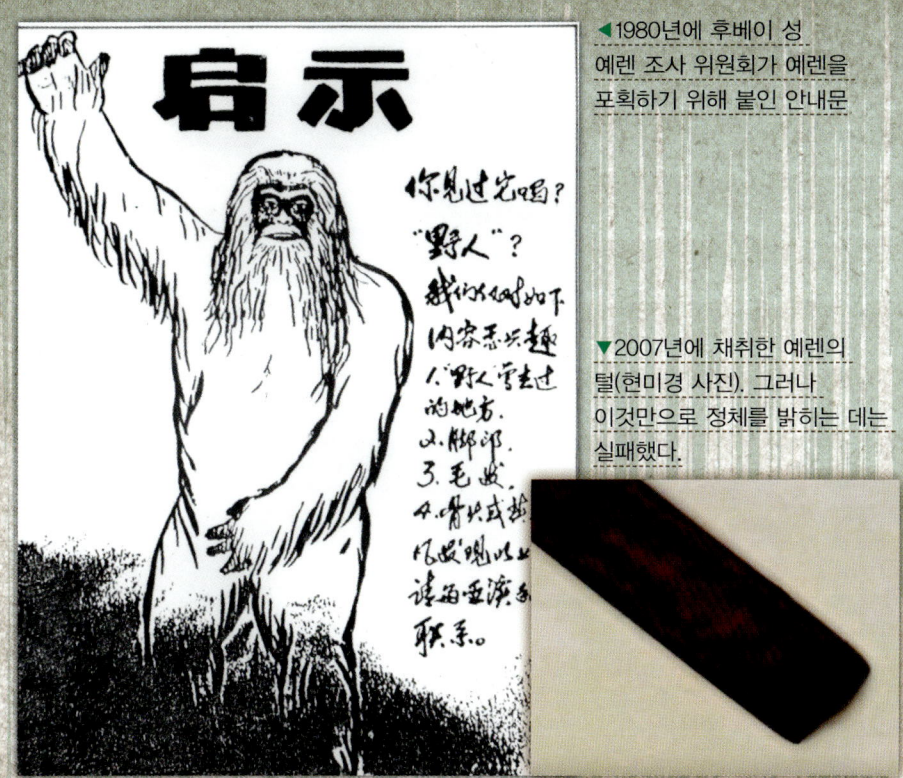

◀ 1980년에 후베이 성 예렌 조사 위원회가 예렌을 포획하기 위해 붙인 안내문

▼ 2007년에 채취한 예렌의 털(현미경 사진). 그러나 이것만으로 정체를 밝히는 데는 실패했다.

제2장 오지에서 숨어 사는 수인(獸人) UMA들

조사대가 수집한 자료들을 분석한 결과, 털은 인간이나 오랑우탄의 것과 비슷하다는 사실이 밝혀졌다. 하지만 발자국은 인간의 것보다 훨씬 컸다. 1980년에는 2차 조사대가 결성되었는데 동원된 인원은 1차보다 적었다. 하지만 예렌의 보호를 이유로 2차 조사대가 수집·분석한 결과는 공개하지 않았다.

예렌의 정체를 30만 년 전까지 이 땅에 번성했던 대형 영장류인 기간토피테쿠스가 진화한 것이라고 보는 가설이 유력하다. 3m가 넘는 키를 지닌 이 화석 인류가 중국 오지에 살아남았다는 주장이다. 지금도 연구는 진행되고 있지만 선능자 일대에는 '외국인의 출입을 금합니다.'라는 경고문이 붙어 있다.

실존도 ★★★★☆

[나라] 호주
[발견] 1795년　[키] 1.5~3m

요위

▶ 1912년에 측량 기사인 찰스 페퍼가 목격한 모습을 바탕으로 그린 요위의 일러스트. 신문에 게재되었다.

화석 인류가 살아남았을까? 호주의 거대 수인!

1980년, 호주 동남부 뉴사우스웨일즈 주 코스트 하버에서 1장의 사진이 찍혔다. 이것이 바로 1795년, 최초 목격담이 알려진 이래 320건 이상 목격담이 쇄도하고 있는 수인 '요위'의 존재를 입증할 첫 번째 증거 사진이다.

자신의 집 정원에서 사진을 촬영한 클라린 브류와는 이렇게 말했다. "온몸이 털로 뒤덮인 거대한 괴물이 제 쪽으로 등을 돌린 채 상체를 구부리고 정원을 천천히 걷고 있었습니다. 그놈이 요위라는 것을 확신했죠. 전 그 즉시 카메라를 가져와 셔터를 눌렀습니다."

호주의 동해안 일대, 뉴사우스웨일즈 주에서 퀸즐랜드 주에 걸친 광대한 지역에 서식하는 것으로 알려진 요위는 큰 것은 키가 3m 정도 되며,

Yowie

▲1980년 8월 3일, 클라린 브류와가 촬영한 최초의 요위 사진

▲2006년 6월 24일, 뉴사우스웨일즈 주에서 촬영한 나무에 기댄 것처럼 보이는 요위

▲요위가 주로 나타나는 장소

제2장 목지에서 숨어 사는 수인(獸人) UMA들

온몸이 털로 뒤덮였고 직립 보행을 하는 UMA다. 암컷보다 수컷이 털이 무성하고 덩치도 더 크다. 머리가 마치 양어깨 사이에 묻혀 있는 것처럼 보이기 때문에 걸을 때는 상체가 저절로 굽어지는 것이 특징이다.
사진을 촬영한 뒤로 요위를 목격했다는 제보가 줄었다가 2006년부터 다시 증가했다. 뉴사우스웨일즈 주 블루 마운틴 지역에 있는 야영장에서는 요위가 나무에 기댄 모습이 찍혔고, 남동부 빅토리아 주 야란에 있는 도로에서도 달리는 자동차 앞을 가로지르는 요위가 찍혔다. 하지만 다양한 목격담 중, 2009년 8월 26일에 발생한 사건이 가장 충격적이다. 그날 뉴사우스웨일즈 주 피리가 지역의 도로를 고교생을 태운 2대의 통학 버스가 달리고 있었다.

◀ 2006년 9월, 빅토리아 주 야란에서 찍힌 작은 몸집의 요위

▶ 요위의 일러스트. 요위는 높은 지능을 지닌 인간과 닮은 고등 생물인지도 모른다.

▲ 2009년 뉴사우스웨일즈 주에서 통학 버스를 습격한 요위(화살표 부분)

그때 숲 속에서 요위가 튀어나왔다.
버스에 탄 고등학생들은 공항 상태에 빠졌고, 먼저 달리던 통학 버스는 용케도 그 자리를 벗어날 수 있었다. 그 뒤를 따라 달리던 통학 버스의 운전사는 솟구치는 공포를 가까스로 억누르며 요위와 앞서 달리던 통학 버스를 휴대 전화로 촬영했다.
그 뒤 요위는 두 번째 통학 버스를 후려치려는 듯한 행동을 하더니 자리를 떴다고 한다.
이렇게 갑자기 요위와 마주쳤을 때 어떻게 행동하면 좋은지에 대해 호주의 유명한 미지 동물 연구가인 렉스 길로이가 조언을 했다.
"요위는 가축을 습격하는 난폭한 성질도 있으므로 만에 하나 마주친다면 도망치는 게 좋습니다."

▲1978년, 호주의 퍼스 근교에 나타난 거대한 캥거루. 그러나 모습이 너무 달라 캥거루를 요위로 착각할 가능성은 적다.

▶1982년, 아담 매리언이 2m 앞에 있던 요위를 그린 그림

제2장 욱지에서 숨어 사는 수인(獸人) UMA들

렉스 길로이도 1970년에 블루 마운틴 지역 소리터리 산에서 요위를 만난 적이 있다.

키가 약 1.5m 정도 되는 작은 요위로, 비명을 지르며 사라졌다고 한다. 렉스 길로이는 요위의 정체에 대해 신생대 제4기 갱신세(약 2백만~1만 년 전)에 인도네시아 자바 섬 등지에 살던 화석 인류 메간트로푸스가 호주로 이주한 뒤 진화하지 않고 그 모습 그대로 번식한 것으로 보고 있다.

한편 많은 학자들은 캥거루를 요위로 착각한 것이라고 주장하고 있다. 캥거루도 직립 보행을 하는데다가 온몸이 털로 덮여 있기 때문이다. 하지만 요위가 캥거루처럼 긴 귀와 꼬리를 가지고 있다는 이야기는 단 한 번도 보고된 적이 없다.

실존도 ★★☆☆☆

[나라] 미국
[발견] 1963년　[키] 2m

허니 스웜프 몬스터

▲2001년 10월에 출현한 허니 스웜프 몬스터. 허니 스웜프 몬스터를 목격한 사냥꾼, 척 휴포드가 스케치한 것이다.

늪에 사는 다른 차원에서 온 괴물

미국 남부 루이지애나 주 남부, 미시시피 강 하구에 있는 습지에 허니 아일랜드라는 늪이 있다. 이곳에 산다고 알려진 UMA가 '허니 스웜프 몬스터'이다(스웜프는 늪을 뜻한다.).
허니 스웜프 몬스터는 울창하게 자란 늪지의 원시림에 종종 나타나는 직립 보행을 하는 괴물이라고 한다. 하지만 빅풋 같은 수인과는 다르게 몸에 털이 없으며 미끌미끌한 비늘 같은 것으로 뒤덮여 있다. 누렇게 빛나는 커다란 눈과 하수구 냄새 같은 악취를 풍기는 것이 특징이다.
허니 스웜프 몬스터가 처음 발견된 것은 1963년이었다. 친구와 사슴 사냥에 나선 할런 포드라는 남자가 악취를 풍기는 4마리의 괴물들과 마주친 것이다.

Honey Island Swamp Monster

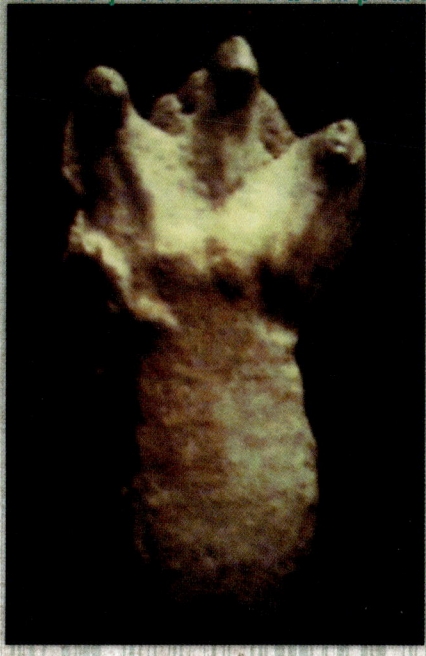

▲ 할런 포드가 발견한 발자국의 석고 모형. 발가락이 4개이며 왼쪽에 조그만 엄지발가락이 있다.

▲ 낮에도 어두컴컴한 루이지애나 주에 있는 허니 아일랜드. 괴생물이 이곳에서 집단 서식하고 있는 것 같다.

◀ 1962년에 허니 스웜프 몬스터를 목격하고 총을 쏜 할런 포드

제2장 목지에서 숨어 사는 수인(獸人) UMA들

키가 얼추 2m쯤 되어 보이는 괴물들은 할런 포드가 방아쇠를 당기자 일제히 도망쳐 버렸다고 한다. 괴물들이 사라진 뒤 할런은 발자국을 발견했다. 할런은 1974년에도 같은 장소를 찾아갔는데, 그때도 발자국을 발견했다고 한다.

1975년에는 늪과 가까운 곳에서 살던 한 주부가 자택의 정원에 침입한 허니 스웜프 몬스터를 목격했다. 주부가 비명을 지르자 괴물은 그대로 도망쳤다고 한다.

이 외에도 허니 스웜프 몬스터를 봤다는 사람들은 꾸준히 나왔다. 수인도, 그렇다고 인어도 아닌 허니 스웜프 몬스터는 다른 차원에서 온 게 아니냐는 추측이 나올 정도로 괴이한 UMA다. 도대체 이 괴물의 정체는 무엇일까?

실존도 ★☆☆☆☆

[나라] 미국 [발견] 2009년 [키] 불명

피그 맨

Pigman

◀▲버몬트 주에서 촬영한 미지의 괴물 피그 맨. 아쉽게도 2장의 사진 모두 선명하지가 않다.

돼지의 얼굴을 한 인간처럼 생긴 UMA

미국 북동부 버몬트 주와 중부 인디애나 주의 시골 마을에는 수상한 소문이 돌고 있다. 차량 통행이 적은 도로를 달리고 있으면 괴상하게 생긴 남자가 맹렬한 속도로 쫓아온다는 것이다.

전체적인 모습은 인간에 가깝지만, 얼굴은 돼지와 닮았다고 한다.

이 지역에 전해 내려오는 전설에서는 이 괴물을 '피그 맨'이라고 한다.

피그 맨으로 추정되는 괴물이 2010년 버몬트 주에 있는 몬트필리어에서 처음으로 사진에 찍혔다.

상반신을 앞으로 숙인 자세는 마치 단거리 경주를 하는 선수가 막 출발한 모습 같다.

이 피그 맨은 돌연변이로 세상에 태어난 수인형 UMA일까?

실존도 ★★☆☆☆

[나라] 미국　[발견] 1970년대　[키] 1.8~3m

노비

Nobby

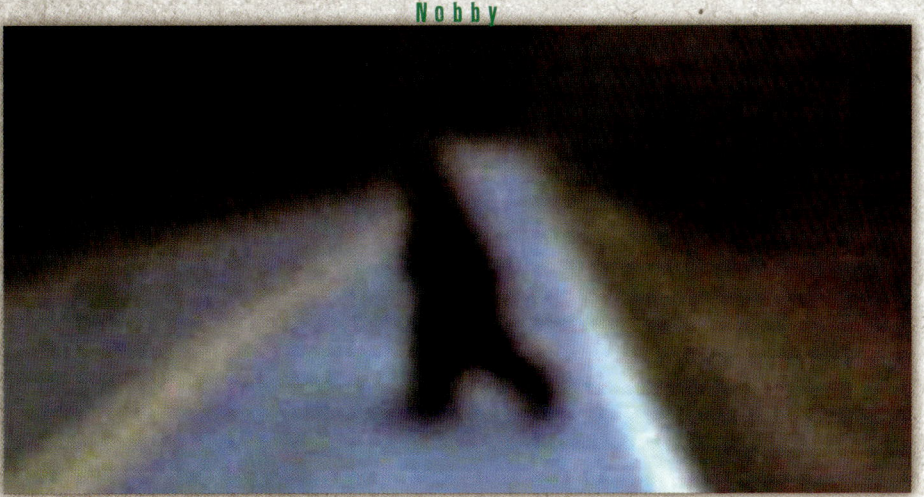

▲ 2011년 노스캐롤라이나 주의 어느 도로를 건너는 노비가 찍힌 사진

제2장 목지에서 숨어 사는 수인(獸人) UMA들

머리가 코브라를 닮은 괴물

미국 남동부에 있는 노스캐롤라이나 주의 클리블랜드에는 1970년대부터 종종 목격담이 들려오는 '노비'라는 괴물이 있다.

추정 무게만 200kg이 넘는 이 괴물은 온몸이 털로 뒤덮여 있으며 머리가 코브라처럼 둥그스름한데 정수리는 닭 볏처럼 뾰족하다고 한다.

노비의 목격담은 잠시 끊어졌다가 2009년 이후 다시 보고되기 시작했다. 클리블랜드에서 노비를 목격한 한 남성은 노비의 손가락이 6개라고 했고, 2011년에도 노스캐롤라이나 주의 도로를 횡단하는 노비를 본 사람이 있었다.

어쩌면 노비는 작은 빅풋일지도 모르겠다.

Grassman

UMA FILE: 011

실존도 ★★★★★

[나라] 미국
[발견] 1988년 [키] 2~3m

그래스 맨

▲2010년 12월 31일, 저녁 6시 17분경 자동 감지 카메라에 찍힌 그래스 맨

외계인이 데려온 생물?

잔디(grass)나 나뭇가지로 둥지를 만드는 지능이 높은 미지 동물이 있다. 미국 중앙 북동부 오하이오 주를 중심으로 목격담이 속출하는 UMA다. 그 이름도 '그래스 맨(Grass man)'.
그래스 맨은 키가 약 2~3m에 체중이 130kg을 웃도는 대형 수인이다. 눈은 빨갛고 온몸은 털로 뒤덮여 있으며 날카로운 소리를 지른다고 한다. 그래스 맨이 남긴 것으로 추정되는 발자국을 연구한 결과 발가락이 3개밖에 없으며 발톱이 갈고리 모양으로 나 있는 것을 알아냈다.
공격적인 성격이라 개나 사슴을 살해하기도 한다.
처음 그래스 맨을 목격한 건 1988년이었다. 오하이오 주 아크론에 사는 앳킨스 부자가 삼림 지대에서 놈을 발견한 것이다.

▲1995년 그래스 맨을 조사한 조디 쿡(오른쪽)과 조지 크래피슨이 발자국 석고 모형을 들고 있다.

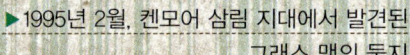

▲목격담을 바탕으로 그린 그래스 맨. 빅풋과 굉장히 비슷하다.

▶1995년 2월, 켄모어 삼림 지대에서 발견된 그래스 맨의 둥지

제2장 육지에서 숨어 사는 수인(獸人) UMA들

앳킨스 부자의 존재를 알아챈 그래스 맨은 돌을 던지면서 위협했지만, 두 사람 모두 개의치 않고 30m 앞까지 다가서자 갑자기 그 자리에서 사라져 버렸다고 한다. 앳킨스 부자의 증언을 바탕으로 UMA 연구가들이 조사를 시작했는데, 연구가들은 그래스 맨의 둥지로 보이는 곳에서 길이 약 30cm 정도의 3개의 발가락이 달린 거대한 발자국을 발견했다. 또한, 그래스 맨의 둥지 모양으로 보아, 이들이 집단으로 행동한다는 사실도 알아냈다. 그래스 맨이 나타났을 때 그 근처에서 UFO(미확인 비행물체)가 목격된 적이 많다는 사실에 주목할 필요가 있다. 여기에 그래스 맨이 갑자기 모습을 감추었다는 목격담까지 더해 그래스 맨의 정체는 단순한 수인이 아닌, 외계인이 UFO로 데려온 지구 밖 생물일지도 모른다고 의심하는 사람도 있다.

실존도 ★★☆☆☆

[나라] 미국 [발견] 1940년대 [키] 1.8~2.3m

포유크 몬스터

Fouke Monster

◀ 포유크 몬스터를 상상하여 그린 일러스트

▶ 1970년대에 촬영한 보기 크리크 설원에 서 있던 포유크 몬스터. 오른쪽 사진은 확대한 것이다.

갈고리발톱을 가진 악취가 진동하던 괴인

미국 남부 아칸소 주 포유크 지역의 습지 주변에 사는 미지 동물이 바로 악취를 풍기며 나타난다는 '포유크 몬스터'다.

1940년대에 처음 목격된 이래, 1998년에는 목격담만 40건 이상 날아들 정도였다.

2005년에는 자택에 있던 주부 진 포드가 창문 너머에 서 있던 새카만 털로 뒤덮인 괴물을 발견했다. 창틀을 붙잡고 있던 손가락에는 갈고리처럼 생긴 손톱이 나 있었다. 남편이 밖을 나서자마자 괴물이 덮쳐 팔에 상처를 냈다고 한다.

돼지 같은 가축도 습격하는 흉포한 포유크 몬스터는 빅풋 타입의 수인 중 하나로 추측된다. 곰과 착각할 만한 외모는 절대 아니다.

UMA FILE: 013

실존도 ★★★★★

[나라] 미국 [발견] 2010년 [키] 불명

화이트 빅풋

White Bigfoot

◀세상에 새하얀 수인의 정체를 알린 유일한 영상. 마치 유령처럼 보인다.

제2장 목지에서 숨어 사는 수인(獸人) UMA들

새하얗게 빛나던 수수께끼의 수인

2010년 인터넷 동영상 사이트에 새하얀 수인의 영상이 공개되었다. 훗날 '화이트 빅풋'이라 불린 이 수인을 촬영한 사람은 미국 동부 펜실베이니아 주 카본데일에 사는 남성이었다.

이 남성의 집 뒤뜰은 숲과 연결되어 있는데, 그곳에서 "씩~, 씩~, 씩~" 하는 이상한 숨소리가 들려 왔다고 한다. 이상한 느낌이 든 남성은 뒤뜰로 나가 보았지만 아무도 없었다. 그저 기분 나쁜 냄새만 남아 있을 뿐이었다. 그런데 집으로 들어가려는 찰나, 희미하게 빛나는 새하얀 수인을 목격했다. 남성은 급히 디지털카메라를 가져와 촬영했다고 한다.

Hibagon

실존도 ★★★★☆

[나라] 일본
[발견] 1970년 [키] 1.5~1.6m

히바곤

▶ 1974년 8월 15일, 지역 주민이 촬영한 히바곤처럼 보이는 괴물의 사진. 쇼바라 시의 한 도로에서 촬영했다고 한다.

일본에서 처음으로 목격된 히바 산에 사는 수인

1970년 7월에서 9월에 걸쳐, 히로시마 현 동부에 있는 히바 군(현재의 쇼바라 시) 츄고쿠 산지에 있는 히바라 산에서 기묘한 UMA를 목격했다는 사람들이 줄지어 나타났다. 히바 산에서 이름을 따 '히바곤'으로 불린 이 괴물은 일본에서 처음으로 목격된 수인이다.

히바곤의 키는 약 1.5m이며 얼굴은 인간과 비슷해 보이지만 역삼각형에 가깝고 약 5cm 정도 되는 갈색 털이 나 있다. 왼쪽 발을 질질 끌며 걷는다고 한다. 지능은 높아 보이지만, 소심하고 겁이 많아 인간을 공격하거나 농작물을 훼손하는 짓은 하지 않는다.

일본에서 처음으로 발견된 히바곤은 그해 9월 신문에도 실렸다. '츄고쿠 산맥 깊은 곳에서 유인원이 출몰하다!'는 제목으로

▶ 1972년부터 국도변에 세워진 히바곤의 조각상. 옛날 히바 군 사이죠 마을의 상징이다.

▲ 목격담을 바탕으로 그린 히바곤. 역삼각형에 가까운 얼굴이다.

▲ 히바곤이 서식하는 것으로 알려진 히로시마 현 히바 산

제2장 목지에서 숨어 사는 수인(獸人) UMA들

대서특필되었다. 그 후로도 히바곤을 봤다는 사람들은 끊임없이 나타났으며, 그해 말까지 12건이나 되는 목격담과 발자국 등이 발견되었다. 생각지도 못한 사건이 계속 발생하자 지역 관청에서도 모르는 척할 수 없었다. 그 결과 관청 내에 '유인원 대책 위원회'를 설치하기에 이른다. 또한, 만약의 경우를 대비하여 경찰이 매일 순찰을 했고 초등학교에서는 단체로 아이들을 등하교시키기 시작했다. 하지만 한편으로 관청에서는 히바곤을 관광객을 유치하기 위한 지역 명물로 삼기도 했다. 이듬해인 1971년부터 1973년까지 히바곤은 여름만 되면 마을까지 내려왔다. 그 때문에 더 많은 사람이 히바곤을 목격하게 되었다. 히바곤에 대한 소문이 눈덩이처럼 커지자, 텔레비전 등에서도 톱뉴스로 다루기 시작했고 전국 각지에서 관광객들이 몰려들었으며

▲1970년에 만들기 시작한 쇼바라 시의 '도민의 숲'. 이때부터 히바곤이 사람들 눈에 띄기 시작했다. 히바곤은 어쩌면 살 곳을 찾아 산에서 내려온 것일지도 모른다.

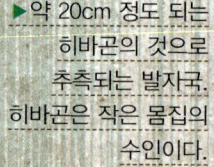

▶약 20cm 정도 되는 히바곤의 것으로 추측되는 발자국. 히바곤은 작은 몸집의 수인이다.

▲옛 사이조 마을의 히바 산 온천에 전시되어 있는 히바곤의 유화. 목격담을 바탕으로 그린 상상화이다.

급기야 히바곤을 찾기 위한 수색대까지 조직되는 등 일본 전역이 히바곤으로 떠들썩해졌다. 1974년 8월 15일, 히바곤이 드디어 사진으로 찍혔다. 그러나 이 사진은 초점이 완전히 나가 있어 진짜 히바곤을 찍은 게 맞느냐는 논쟁을 불러일으켰다. 더욱이 실제로 히바곤을 봤다는 사람들마저
"사진에 찍힌 건 내가 본 히바곤과 달라요. 훨씬 무섭게 생긴 괴물이었다고요."
라고 말했다. 결국 사진에 대한 최종 결론은 다음과 같다.
"이 사진은 수인이 아니라 곰이나 원숭이를 찍은 것이다."
그 뒤, 1982년에 히바곤을 봤다는 사람을 마지막으로 더는 히바곤을 봤다는 소식이 들리지 않았다. 하지만 '수인 소동'은 아직 끝나지 않았다.

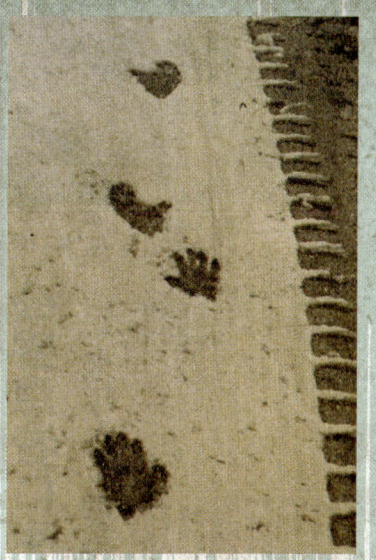

▲(오른쪽) 1980년 10월 20일에 목격된 야마곤의 스케치. (왼쪽) 1982년 5월 9일, 초등학생 형제가 목격한 쿠이곤.

MEMO

히바곤은 목격한 사람이 굉장히 많은 UMA다. 이 글을 읽는 사람들 중엔 야생 원숭이나 동물원에서 탈출한 고릴라가 아니냐고 생각하는 이도 있을 것이다. 그건 목격자들 역시 마찬가지였다. 하지만 그들은 원숭이나 고릴라가 아닌 미지의 생물을 봤다고 증언했다.

▲히바곤의 것으로 추정된 발자국. 히로시마 현 경찰서 감식반에 따르면 이 발자국에서 이족 보행을 하는 사람에게도 있는 '장심(손바닥이나 발바닥의 한가운데)'을 찾았다고 한다.

제2장 목지에서 숨어 사는 수인(獸人) UMA들

그 후로도 히로시마 현 각지에서 히바곤과 닮은 수인을 목격했다는 사람들이 연이어 나타났다. 예를 들어 1980년, 히로시마 현 후쿠야마 시 야마노 마을에서는 '야마곤'이, 1982년, 히로시마 현 미츠기 군, 쿠이 마을(현재의 미하라 시)에서는 '쿠이곤' 등의 수인이 목격되었다. 그러나 모두 구체적인 목격담이나 발자국 등의 물적 증거가 충분치 않아 정체를 밝히지는 못했다. 사실 1974년 9월부터 11월에 걸쳐 히로시마 현 동부에서는 UFO를 보았다는 사람들이 굉장히 많았다. 그 때문에 히바곤이 사실 UFO를 타고 온 것이 아니냐는 추측까지 나올 정도였다. 또한, 몰래 일본으로 들여온 유인원 중 일부가 도망친 것이라는 추측도 있었다. 이렇게 히바곤을 둘러싼 다양한 추측이 난무했지만, 히바곤의 정체를 밝힐 만한 결정적인 증거는 찾지 못했다.

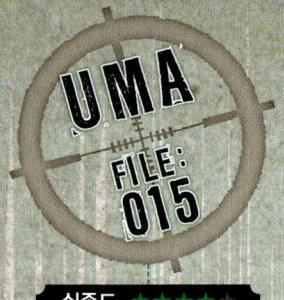

UMA FILE: 015

실존도 ★★★★☆

[나라] 러시아 등
[발견] 1917년 [키] 2m

러시아 예티

Russian Yeti

▲1958년, 러시아의 빙하학자인 브로닌의 목격담을 바탕으로 재현한 일러스트

인간과 함께 생활했다?

주로 러시아 북부를 중심으로 목격된, 키 2m, 체중 200kg의 온몸이 털로 뒤덮인 괴물이 바로 '러시아 예티'이다. 직립 보행으로 걷고, 잡식성이며 밤이 되면 산에서 마을로 내려와 인간의 음식을 훔쳐 먹는다고 한다. 히말라야 산속에 산다는 예티와 비슷하다 하여 이런 이름이 붙었다. 하지만 러시아 북부뿐만 아니라 남부인 캅카스 지역과 러시아 인근 국가에서도 비슷한 괴물을 목격했다는 소식이 종종 들려오고 있다. '알마스'나 '알마스티' 등으로도 불리지만 이 모두를 합쳐 '러시아 예티'라 한다.

기록에 남은 최초의 목격담은 1917년이지만, 그 이후에 이어진 목격담도 수천 건에 이를 정도다.

▲목격담에 따르면 알마스는 이렇게 이상한 자세로 잠을 잔다고 한다.

▲러시아에서 미지 동물 연구 분야를 개척한 드미트리 바야노프

◀자나라 불리는 러시아 예티를 재현한 그림

▶자나라 불리는 미지 동물의 새끼의 두개골을 발견한 이고리 브르셰프

제2장 목지에서 숨어 사는 수인(獸人) UMA들

물론 1917년 이전에도 목격했다는 이야기는 상당수다. 러시아의 UMA 연구가인 드미트리 바야노프를 주축으로 한 '러시아 미확인 동물 협회'가 결성된 이유 역시 러시아 예티 때문이다. 19세기 중순에 발견되어 포획된 '자나'라는 이름의 암컷 러시아 예티는 인간과 함께 살았던 것은 물론이고 그 사이에서 자식까지 낳았다고 한다. 1974년에 드미트리 바야노프가 자나의 후손으로 알려진 인물(?)의 무덤을 찾아, 두개골 비슷한 것을 발굴했다.

사실 러시아 예티는 가장 활발히 연구가 진행 중인 UMA다. 2011년 10월, 러시아 중앙 지역인 케메로보 주에서 정부의 후원으로 '반인반수에 대한 국제회의'가 열렸다. 러시아를 시작으로 중국, 미국 등의 7개국 출신의 저명한 전문가들이 참가한 회의였다.

▲ 케메로보 숲에서 발견된 누군가 일부러 모아 놓은 나뭇가지들. 수인의 보금자리일까?

그리고 10월 11일, '모스크바 시사 통신'이 충격적인 뉴스를 보도하여 전 세계를 경악에 빠뜨렸다. 그것은 바로!
"예티가 실재할 확률은 95%다."라는 것!
즉, 예티는 거의 확실히 존재한다는 것이다. 실제로 그동안의 물적 증거 중에는 예티의 짓으로 보이는 나뭇가지를 부러뜨려 만든 둥지나 둥지로 가는 길을 표시한 흔적 등이 있었다.
게다가 수인이 실제로 존재함을 뒷받침하는 DNA 검사 결과가 2012년 10월 29일에 케메로보 주 정부에 의해 발표되었다. 이는 2011년에 러시아 예티의 둥지로 추측되는 동굴에서 발견된 털을 조사한 결과였다.
검증 책임자는 러시아 국립 기상 대학의 생물학자인 와레친 사프노프.
"채취한 표본은 인간의 것이 아닌 정체를 알 수 없는 포유류의

▶ 2011년에 시행된 탐사에서 발견된 러시아 예티의 거주지로 추정되는 아자스 동굴. 정체를 알 수 없는 다수의 털이 발견되어, DNA 조사를 한 결과, 인간이 아닌 미지의 포유류의 것임이 밝혀졌다.

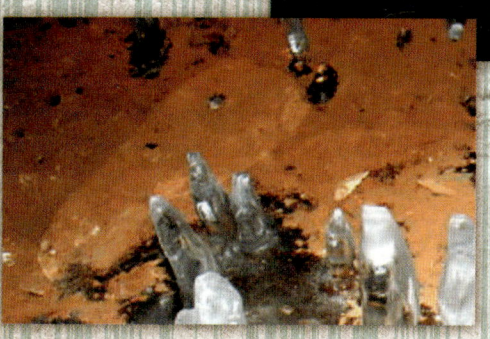
◀ 동굴 안에서 발견된 미지 동물의 발자국. 거대한 수인이 사는 게 분명하다.

제2장 육지에서 숨어 사는 수인(獸人) UMA들

것이었습니다. 케메로보 주를 비롯한 여러 곳에서 목격했다던 예티의 것일 확률이 60~70%입니다."

와레친 사프노프는 지금 러시아에 살고 있는 것으로 추측되는 예티의 수가 약 200마리 정도라고 했다.

예티의 정체가 불곰일지도 모른다는 추측도 있다. 하지만 바야노프 등 수많은 학자는 네안데르탈인이 생존한 것으로 보고 있다. 또한 히말라야 산에 산다는 예티와 비슷하게 생겼다는 목격담을 근거로 10만 년 전에 멸종한 화석 인류인 기간토피테쿠스가 지금까지 살아남았다고 생각하는 학자도 적지 않다.

UMA FILE: 016

실존도 ★★★★

[나라] 인도네시아
[발견] 1917년 [키] 0.8~1m

오랑 펜덱

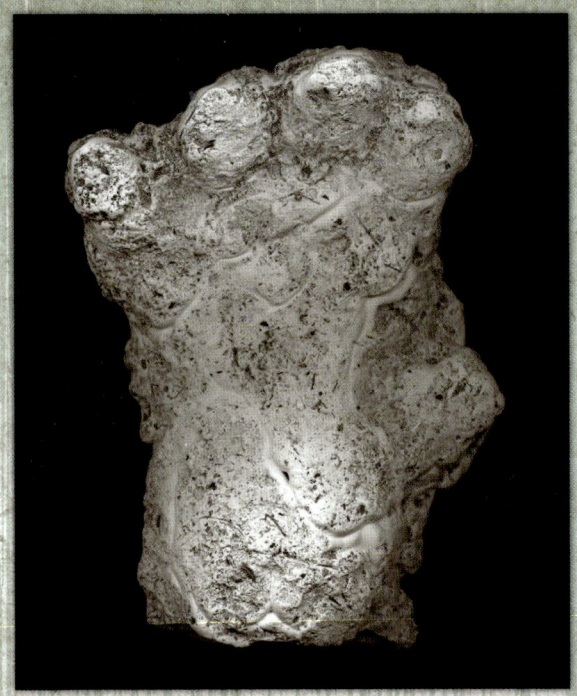

▲ 오랑 펜덱의 사진은 없지만, 이 발자국이 2001년에 발견되었다.

인간에 가장 가까운 괴물?

오랑 펜덱은 인도네시아 수마트라 섬에 서식하는 것으로 알려진 키 약 1m 정도의 작은 유인원이다.

이 유인원에 붙은 이름은 '키가 작은 인간', 또는 '숲의 난쟁이'라는 뜻이다. 오랑 펜덱은 새까맣고 긴 머리카락을 지녔는데, 머리카락이 갈기처럼 등까지 뻗어 있다. 하지만 온몸을 뒤덮은 털은 짧은 갈색이라고 한다. 또한, 팔이 길고 직립 보행을 하며 나무의 순과 과일, 뱀, 곤충 등을 모두 먹는 잡식성으로 가끔 밭을 파헤치기도 한다.

오랑 펜덱에 대한 최초의 기록은 1917년으로 거슬러 올라간다. 주인공은 수마트라 섬에 거주하던 네덜란드의 박물학자인 에드와르드 야콥슨. 에드와르드가 네덜란드의 과학 잡지에 기고한 기사의 끝에는

Orang Pendek

▲오랑 펜덱을 조사한 데브라 마틸. 현재는 인도네시아에서 동물 보호 활동을 하고 있다.

◀▶ 목격담을 기초로 재현한 오랑 펜덱. 머리가 길고 인간에 가까운 모습을 하고 있다.

제2장 목지에서 숨어 사는 수인(獸人) UMA들

이렇게 쓰여 있다.
"이 생물(오랑 펜덱)은 수마트라 섬에 사는 미지의 유인원이 틀림없다."
오랑 펜덱이 갑자기 주목을 받기 시작한 것은 1989년부터다.
영국의 미지 동물 연구가이자 저널리스트인 데브라 마틸의 활동으로 오랑 펜덱이 세상에 알려졌다.
데브라는 수마트라 섬에 있는 케린 산에서 캠핑하면서 조사를 시작했다. 그리고 3개월 뒤, 오랑 펜덱의 발자국을 발견한다.
4년 뒤인 1993년에는 크린치 산에서 오랑 펜덱을 목격하기에 이른다. 하지만 유감스럽게도 당시 사진을 촬영하는 데는 실패했다.
데브라가 오랑 펜덱을 목격한 것에 고무된 학자들은 본격적으로 조사를 시작했다.

▶ 2001년에 실시한 조사에서 발견된 오랑 펜덱의 발자국

▲ 2001년에 시행한 조사를 지휘한 아담 데이비스

▶ 발견된 오랑 펜덱의 발자국을 다른 유인원의 것과 비교하면, 이미 멸종한 네안데르탈인과 상당히 비슷하다는 것을 알 수 있다.

발자국 비교

| 인간 | 네안데르탈인 | 긴팔원숭이 |
| 오랑 펜덱 | 고릴라 | 침팬지 |

그 결과 2001년에는 영국의 과학자들이 주축이 된 조사대가 오랑 펜덱의 발자국과 털을 발견했으며, 이는 BBC(영국 방송 협회) 뉴스로 보도되었다. 또한, 2003년에는 현지에서 조사 중이던 영국의 미지 동물 연구가이자 동물학자인 리처드 프리맨이 오랑 펜덱이 좋아하는 파풀의 줄기에 난 이빨 자국을 발견했다.

오랑 펜덱의 발자국을 분석한 영국 케임브리지 대학의 영장류학자인 데이비드 치버스는 오랑 펜덱의 정체에 대해 이렇게 말했다.

"이 생물은 긴팔원숭이, 오랑우탄, 침팬지, 인간을 섞은 것으로 지금까지 알려진 영장류와는 또 다른 종이다. 수마트라 섬의 삼림에는 미지의 영장류가 서식하는 것이 분명하다."

미국 뉴욕 대학의 생물·인류학자 토드 디솔도 오랑 펜덱의 털에서 채취한

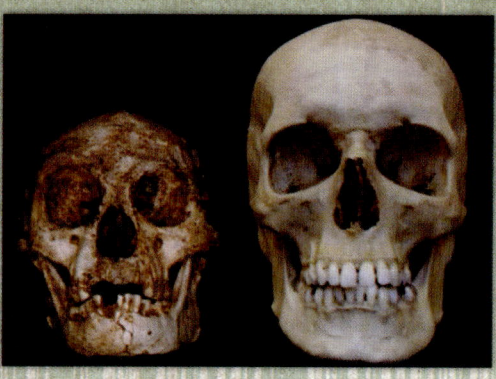

▲ 왼쪽이 2003년에 발견된 신종 인류인 호모 플로레시엔시스. 오른쪽에 있는 인간의 두개골과 비교하면 얼마나 머리가 작은지 알 수 있다.

◀ 네안데르탈인을 참고하여 그린 오랑 펜덱

MEMO

호모 플로레시엔시스는 수마트라 섬에서 발견된 신종 인류 화석이다. 약 만2천 년 전 화산 분화로 인해 멸종한 것으로 보고 있다. 그러나 오랑 펜덱의 목격담과 외견상 흡사한 부분이 많아 주목받는 중이다.

▲ 2003년 조사에서는 오랑 펜덱이 파풀이라는 풀을 좋아한다는 것을 알아냈다.

DNA를 연구한 결과 "인간의 DNA와 같다."고 말했다.

오랑 펜덱과 관련된 놀라운 발견은 이뿐만이 아니다. 2003년 인도네시아 플로레스 섬에 있는 동굴에서 키가 약 1m 정도 되는 인류 화석이 발견되었다. 이는 만2천 년 전에 멸종한 플로레스 인이었다. 앞에서 언급한 에드와르드 야콥슨의 말을 빌려, 오랑 펜덱이야말로 오래전에 멸종된 줄 알았던 플로레스 인이 살아남은 것인지도 모른다고 생각하는 미지 동물 연구가들도 적지 않다.

Monos

[나라] 베네수엘라
[발견] 1920년 [키] 1.6m

모노스

학자들을 위협한 베네수엘라의 미지 생물

1920년, 스위스의 지질학자인 프랑수와 드 로와를 중심으로 한 조사대는 천연자원 조사를 위해 남미 베네수엘라 동부 지방을 방문했다. 그들이 찾은 곳은 수풀이 무성한 밀림. 열병과 원주민과의 지속적인 마찰로 조사대는 별다른 성과를 얻지 못했다.

그러던 어느 날, 프랑수와는 밀림에서 자신을 향해 달려오는 두 마리의 생물을 보았다. 그것들은 수컷과 암컷으로 보였으며, 두 발로 걸었다. 두 마리는 조사대를 위협하려는 듯이 양팔을 휘둘렀고, 자신들의 똥까지 집어 던졌다. 깜짝 놀란 프랑수와가 쏜 총에 암컷 원숭이는 맞았고, 수컷은 다시 밀림 속으로 도망치고 말았다.

이때 프랑수와가 촬영하여 후대에 남긴 단 1장의 사진이 바로 왼쪽

제2장 육지에서 숨어 사는 수인(獸人) UMA들

◀중남미에 서식하는 긴털거미원숭이의 일종. 키는 60cm 정도이며, 키보다 꼬리가 더 길다.

▲본업인 지리학자보다 모노스의 최초 발견자로 더 유명한 프랑수와 드 로와. 하지만 모노스의 정체를 밝히지 못한 채, 40대의 나이로 일찍 세상을 떠났다.

MEMO
컬럼비아 부근에서 사람을 위협하는 수수께끼의 괴물 '모노스(모노 그란데)'를 목격했다는 보고가 있었다. 그래서 프랑수와가 촬영한 원숭이가 사실 모노스일지도 모른다고 생각하는 사람들도 있다.

◀모노스의 유일한 증거 사진. 석유 상자에 앉혀 놓고 찍었기에 실제 키도 어느 정도는 유추할 수 있다. 굉장히 몸집이 거대하다.

위의 사진이다. 프랑수와의 말에 따르면 사살된 원숭이의 키는 약 157cm였다고 한다. 사진을 찍기 위해 원숭이를 석유 상자 위에 앉힌 뒤, 막대기로 얼굴을 받쳤다. 촬영이 끝난 뒤, 이 원숭이의 사체는 그대로 버려졌다고 한다.

1929년 프랑수와가 촬영한 괴이한 생물에 관심을 가진 프랑스의 인류학자 조르쥬 몬타동은 'Ameranthropoides loysi', 통칭 '모노스'라 이름 지은 뒤, 이들이 남미에 사는 미지의 유인원이라고 주장하여 학계를 술렁이게 했다. 하지만 꼬리가 보이지 않는 것을 제외하면 유난히 긴 팔과 가슴 털 등으로 볼 때 긴털거미원숭이와 같은 특징을 지니고 있다. 어쩌면 모노스는 긴털거미원숭이를 착각한 것일지도 모른다. 물론 이것 역시 추측에 지나지 않는다.

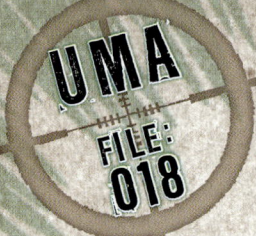

바이아 비스트

Bahia Beast

실존도 ★☆☆☆☆

[나라] 브라질 [발견] 2007년 [키] 불명

▲2007년에 미국인 소녀가 촬영한 사진으로, 바이아 비스트가 찍힌 유일한 사진이다.

소녀가 촬영에 성공한 뿔이 달린 괴물

2007년, 남미 브라질 북동부에 있는 바이아 주에서 촬영한 사진에는 강가에 서 있는, 털북숭이에 뿔이 난 괴물이 찍혀 있다.

이 사진은 미국에서 온 관광객 중 15세의 소녀가 촬영한 것이라고 한다. 상당히 먼 거리에서 찍었기에 사진은 또렷하지 않지만 팔로 무언가를 안고 있는 것은 확인할 수 있다.

괴물이 안고 있는 것은 먹이인 물고기거나 혹은 괴물의 아이일지도 모른다. 촬영지의 이름을 따 '바이아 비스트'라 불리는 이 괴물에 대한 다른 정보는 없는 상태다.

UMA FILE: 019

실존도 ★★☆☆☆

[나라] 말레이시아　[발견] 1950년대　[키] 3~7m

보르네오 수인

Borneo Wildman

◀ 2008년에 보르네오 섬 북부에 있는 마을에서 발견된 발자국. 오랑우탄의 것은 아니다.

▶ 패론 산에서 마을 사람이 목격했다던 두 발로 걸어 다니던 수인의 일러스트. 성격은 온순한 편으로, 마을 사람을 보자마자 "게, 게, 게"라고 소리치며 도망쳤다고 한다.

제2장 목지에서 숨어 사는 수인(獸人) UMA들

괴성을 지르던 거대한 수인

2008년, 동남아시아 말레이시아의 보르네오 섬 북부에 있는 마을에서 거대한 발자국이 발견되었다.

발자국의 길이는 1.2m, 폭은 40cm였다. 발자국의 크기로 유추해 볼 때 이 괴이한 생물의 키는 약 7m 정도로 보인다. 처음에는 누군가 장난으로 만든 발자국이라는 의심을 샀지만, 50년 전에도 비슷한 사건이 있었기에 마을 사람들은 발자국이 진짜일 것이라 믿고 있다. 실제로 1983년, 보르네오 섬 서부에 있는 패론 산에서 "게, 게, 게!"라는 괴성을 지르던 키 3m 정도 되는 괴물이 목격된 적이 있다. 정체는 밝혀지지 않았지만, 보르네오 수인이라 불리는 이 거대한 생물이 지금도 가끔 마을로 내려오고 있을지 모른다.

UMA FILE: 020

실존도 ★☆☆☆☆

[나라] 미국 [발견] 2010년 [키] 불명

스웜프 몬스터
Swamp Monster

▶ 2010년 11월, 자동 감지 카메라에 찍힌 미지의 인간형 생물

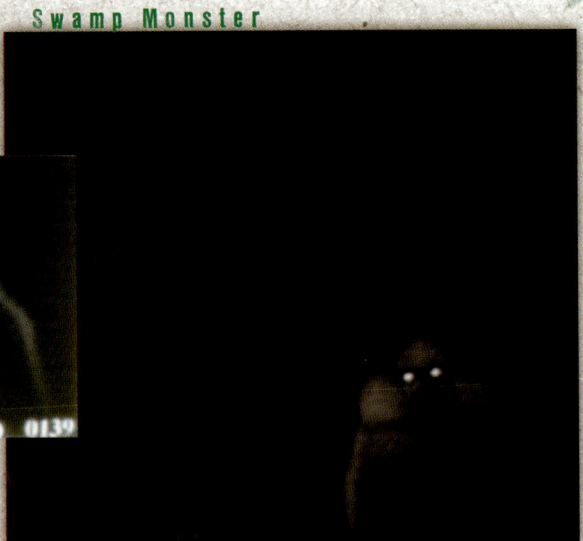

▲ 사진의 선명도를 높이면 인간이 아닌 기묘한 형태의 괴물인 것을 알 수 있다.

습지에서 나타나는 미지의 괴물

미국 남부 루이지애나 주 몰간 숲에 있는 습지 부근에서 2010년 기묘한 생물이 찍힌 사진이 공개되었다.

습지(스웜프, swamp)에서 나타났기 때문에 '스웜프 몬스터'라는 이름이 붙은 이 괴물은 두 손과 두 발을 이용해 걷는 수인 타입의 미지 동물이다. 얼핏 보면 유령처럼 보이기도 한다. 사진을 촬영한 사람은 사슴 사냥을 하러 왔던 사냥꾼이었다. 하지만 그의 카메라는 자동 감지 센서가 있어 움직이는 물체가 나타나면 자동으로 촬영하는 것이라, 괴물의 사진은 남자가 없을 때 찍혔다고 한다. 다음날 남자가 현장을 찾았을 때, 그의 카메라는 부서져 있었지만, 다행히 메모리 카드는 훼손되지 않아 괴물의 사진을 건질 수 있었다.

실존도 ★★☆☆☆

[나라] 미국　[발견] 2007년　[키] 1.5m

야곱스 크리처

Jacob's Creature

▲야곱스 크리처의 모습이 찍힌 중요한 장면. 다른 사진에는 새끼 곰이 찍혀 있어 곰으로 추정되지만, 이 사진에서는 이족 보행을 하는 수인으로 보인다.

디지털카메라에 찍힌 수인

2007년 미국 동부 펜실베이니아 주에 있는 아레게니 국립 공원, 사슴의 행동을 점검하기 위해 설치한 자동 감지 카메라에 작은 덩치의 수인이 찍혔다.

온몸이 털로 뒤덮인 수인을 연구한 조사 기관에서는 영장류이거나 피부병에 걸린 곰이라는 의견을 내놓았지만, 결국 키 150cm 정도의 어린 빅풋이라는 가설이 가장 힘을 얻었고 디지털카메라를 설치한 남성의 이름을 따 '야곱스 크리처(야곱의 동물)'라는 이름까지 붙여 주었다. 이 미지 동물의 정체는 도대체 무엇일까?

UMA FILE: 022

실존도 ★★★★★

[나라] 폴란드 [발견] 1955년 [키] 불명

타트라 산의 예티

Yeti in Mt.Tatra

◀ 타트라 산의 암석 지대를 능숙하게 오르는 예티 타입의 수인. 하지만 자신을 찍고 있다는 것을 알아채고는 모습을 감추었다고 한다.

유럽에 나타난 히말라야의 수인?

동유럽 폴란드 남부에도 예티가 사는 것으로 알려진 타트라 산이 있다. 2009년 타트라 산에서 예티가 암석 지대를 걷고 있는 모습이 비디오카메라에 찍혀 인터넷 동영상 사이트에 공개되었다. 촬영자는 폴란드의 수도 바르샤바에서 거주하는 남성으로, 그가 찍은 영상은 흐릿하지만, 수인이 촬영자가 있음을 알아채고는 암석 지대로 몸을 숨기는 모습임은 알 수 있다. 실제로 영상을 촬영했을 즈음, 타트라 산에서 예티를 봤다는 목격자들이 꽤 있었다고 한다. 히말라야 예티와 같은 종류인지는 알 수 없지만, 폴란드에서 예티 목격담이 증가하는 이유가 궁금하다. 환경의 변화가 수인들의 서식지를 점차 넓히고 있는지도 모르겠다.

UMA FILE: 023

실존도 ★★☆☆☆

[나라] 인도　[발견] 2009년　[키] 2.4m

만데 버렁

Mande Burung

제2장 목지에서 숨어 사는 수인(獸人) UMA들

◀목격담을 토대로 그린 만데 버렁

▲2007년에 인도에서 수인 조사를 했던 야직 관광 협회가 만데 버렁의 것으로 보이는 거대한 발자국을 발견했다.

인도 북동부에 사는 거대한 수인

인도 북동부 메갈라야 주 가로 구릉의 밀림에는 '만데 버렁'이라 불리는 수인이 살고 있다고 한다. 만데 버렁은 현지어로 '숲의 남자'라는 뜻이다. 만데 버렁은 온몸이 털로 뒤덮여 있으며 정수리 부분이 뾰족하다. 키가 약 2.4m, 발견된 발자국의 크기는 37.5cm인 거대한 수인이다. 2007년, 만데 버렁을 봤다는 사람들이 한꺼번에 나타나는 사건이 발생했다. 목격자 중에는 마치 가족끼리 몰려다니는 것처럼 덩치가 큰 만데 버렁 2마리와 덩치가 작은 만데 버렁 2마리가 함께 다니는 것을 본 사람도 있었다.
현재 전문가들로 구성된 팀이 조사 중이다. 만데 버렁의 정체 역시 히말라야 예티일까?

실존도 ★☆☆☆☆

[나라] 캄보디아　[발견] 1970년대　[키] 1.8m

응어이 렁

Nguoi rung

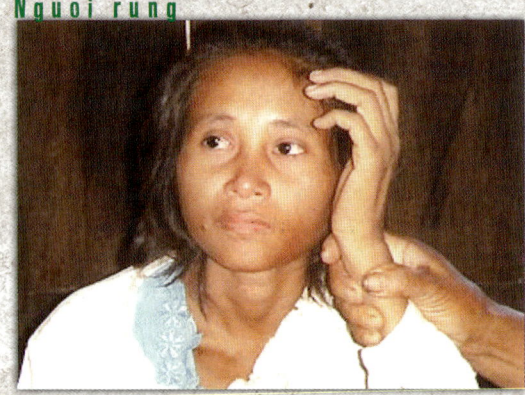

▲ 수수께끼의 수인에게 납치된 후 키워졌다는 로쫌 푼겐

◀ 응어이 렁의 상상도. 미네소타 아이스 맨과 흡사한 괴인으로 보인다.

인간 소녀를 납치하여 키운 수인 UMA

2007년, 동남아시아 캄보디아 북동부에 있는 라타나키리 주 어느 마을에서 밭을 망치던, 인간인지 원숭이인지 알 수 없는 수컷과 암컷이 발견되었다. 수컷은 도망쳤지만, 암컷은 사람들에게 잡혔는데, 놀랍게도 조사 결과 암컷은 인간이며 19년 전에 8살의 나이로 행방불명된 여성이었다.

도대체 어떻게 위험천만한 밀림 속에서 어린 소녀가 살아남았을까? 힌트는 바로 수컷에게 있었다.

수컷은 현지인에게 가끔 목격되던 직립 보행하는 수인 '응어이 렁'이었고, 여인은 이 수인에게 납치되어 그때까지 키워졌다고 한다. 하지만 여인 역시 마을 사람들의 눈을 피해 다시 모습을 감추고 말았다.

UMA FILE: 025

실존도 ★☆☆☆☆

[나라] 영국 [발견] 1890년 [키] 불명

그레이 맨

Fear Liath Mòr

▲벤맥두이 산에 나타난 브로켄 현상. 물론 이것이 그레이 맨의 실체는 아니다.

▲그레이 맨의 상상화

MEMO
브로켄 현상은 산에서 발생하는, 종종 요괴가 나타났다고 착각할 만큼 기묘한 자연 현상이다. 사람의 등 뒤에서 태양이 비치면 그림자 주위에 무지개 빛깔의 원이 생긴다.

제2장 목지에서 숨어 사는 수인(獸人) UMA들

벤맥두이의 거인

1890년 등산가인 존 노먼 코리는 영국 북부, 스코틀랜드의 벤맥두이 산을 오르고 있었다. 한참을 오르는데 등 뒤에서 누군가 따라오는 듯한 소리가 들렸다. 그때마다 몇 번이고 뒤를 돌아보았지만 아무도 없었다. 알 수 없는 공포가 엄습하여 존은 등산을 포기하고 그대로 하산하고 말았다. 그러자 소리도 더는 들리지 않았다.

이 괴이한 소리의 정체는 벤맥두이 산에서 종종 목격된다는 피어 리어 모르(Fear Liath Mor)라는 괴수가 낸 것으로 추측된다. 피어 리어 모르는 북아일랜드 어로 '그레이 맨(잿빛 남자)'이라는 뜻이다. 모습을 감출 수 있는 초능력을 지닌 이 괴수의 정체는 과연 무엇일까?

[칼럼] 과연 그렇구나! **미지 동물학 ❷**

네안데르탈인이 살아 있다?

인류 이전의 거인 전설

미지 동물학 중에서도 가장 연구가 활발히 진행 중인 분야가 바로 '수인학(獸人學)'이다. 명칭대로 예티와 빅풋처럼 사람과 비슷한 타입의 UMA를 연구하는 신비 생물학의 일종이다. 수인은 다른 UMA와 달리 목격한 사람들도 많고 발견된 역사도 오래되었다. 게다가 그 정체를 인류 이전에 멸종한 '구인류' 내지는 '화석 인류'라고 보고 있기에, 과학적인 관심도 한몸에 받고 있다.

그러나 지금까지 그토록 많은 사람이 수인을 목격했다면 고대 사람들도 수인을 목격하지 않았겠냐는 의문을 가진 사람도 있을 것이다. 사실 고대 사람들이 수인을 목격한 것으로 추측되는 전설이 존재한다. 이것이 바로 '거인 전설'이다!

아프리카 북부 타실리 나제르에 있는 선사 시대 벽화에는 '화성의 신'이라 이름 붙여진 키 6m의 거인이 있다. 기독교와 유대교의 『성경』(구약성경)에는 신과 인간 사이에서 태어난 '네피림'이라는

▶사자를 잡은 고대 메소포타미아의 왕, 길가메시(루브르 미술관)

◀10만~39만 년 전에 멸종한 것으로 알려진 대형 유인원, 기간토피테쿠스. 설남과 예렌 등의 정체가 사실은 기간토피테쿠스가 아닐까 추측하고 있다.

키가 3m가 넘는 거인이 나온다. 5천 년 전 고대 메소포타미아의 왕 길가메시도 키가 4m가 넘는 거인으로, 사자를 한 손으로 제압할 만큼 힘이 셌다고 한다. 신화 속 거인들이 우리 인간일 리가 없다. 그들은 인간과는 다른 '거인족'이며 인류가 지구에 나타나기 전에 지구를 지배했을지도 모른다. 즉, 거인족이야말로 인류가 지구에 등장하면서 멸종해 버린 구인류의 피를 지녔을 가능성도 있다.

네안데르탈인은 살아 있다?

수인학을 가장 활발히 연구했던 곳은 구소련인 러시아였다. 1958년, 소비에트 과학 아카데미는 당시 가장 주목받던 수인을 조사하기 위해 '설남 위원회'를 설립했다. 저명한 역사가인 보리스 포르슈노프를 필두로 관련 학계의 유명한 학자들이 이름을 올렸다.

1973년에는 러시아에서 미지 동물을 연구하던 드미트리 야바노프가 그때까지 동물학과 인류학에서는 다루지 않았던 분야를 연구하기 위해 '수인학'이라는 용어를 만들었다. 그는 러시아 예티와 빅풋, 설남을 포함하는 수인들이 인간과 가장 가까운 종이라고 추측했다.

수인의 정체에 대해 가장 주목받은 것이 바로 '네안데르탈인 생존설'이다. 네안데르탈인은 20만 년 전에 지구에 나타나, 유럽에서 아시아에 걸쳐 분포했다가 2만 년 전에 모습을 감춘 구인류이다. 하지만 알려진 것과는 달리 그들의 일부가 살아남아, 러시아 고산 지대 등에 숨어 살고 있다는 가설이다. 하지만 지금까지 이 가설을 증명할 만한 확실한 증거는 찾지 못했다.

하지만 세계 각지에서도 '오래전 멸종한 줄만 알았던 구인류와 대형 유인원이 살아남았다'는 주장이 속속 나오고 있다. 하지만 미 대륙의 경우엔 이 가설이 전혀 맞지 않는다. 미대륙에서 구인류가 살았다는 증거가 없을뿐더러, 베링 해가 육지와 이어졌었던 약 1만 년 전에는 현생 인류가 아시아에서 미 대륙으로 이동했기 때문이다. 그렇다면 북미를 중심으로 종종 목격되는 빅풋의 정체는 도대체 무엇이란 말인가?

아직도 우리가 풀어야 할 수수께끼는 많이 남아 있다.

물에 사는 UMA들

제 3 장

수면에는 빛이 닿아도
물속은 어둡고 차갑다.
호수와 바다 밑에 숨어 사는
수수께끼의 생물들!

UMA FILE: 026

실존도 ★★☆☆☆

[나라] 노르웨이
[발견] 1700년대 [몸길이] 6~10m

▲2004년 8월 GUST가 촬영한 것으로, 셀마로 보이는 실루엣이 배의 오른쪽 아래에 있다.

말의 머리와 뱀의 몸을 가진 괴물

노르웨이 서남부에 있는 셀요르드 호수에는 1750년부터 목격됐다는 뱀처럼 생긴 거대 괴물 '셀마'가 살고 있다. 얼굴은 말이나 사슴을 연상시킨다고 한다. 지금까지 셀마를 봤다는 목격담만 100건이 넘는다. 2000년, 스웨덴에 본부를 둔 GUST(세계 수중 조사팀)가 보낸 12명의 조사팀이 물속에 덫을 설치하여 셀마를 생포하려고 했다. 비록 셀마를 생포하는 데는 실패했지만, 2001년에는 호수 속에 설치한 카메라로 몸길이 6m, 폭이 약 30cm 정도 되는 뱀처럼 생긴 거대한 괴생물을 찍는 데 성공했다.

이 생물이 셀마라고 단정 지을 수는 없지만 셀요르드 호수에는 이 정도로 큰 물고기가 없으므로 셀마일 가능성이 높다.

▲1999년에 아담 데이비스가 촬영한 셀마. 수면 위로 등에 달린 혹 같은 것이 보인다.

▲셀마의 정체는 고생대부터 생존한 거대한 뱀일지도 모른다.

▶전설을 바탕으로 셀마를 그린 상상도. 호수의 주인으로 보이는 기괴한 모습이다.

▲GUST를 지휘한 순드베르크

더욱이 2004년에는 사자의 소리와 비슷한 울음소리를 녹음하기도 했다. 같은 해, GUST는 수면에 떠오른 셀마를 비디오로 촬영하는 데 성공했다. 하지만 유감스럽게도 영상 대부분의 초점이 맞지 않아 괴물의 모습을 명확히 파악할 수 없다. 다만 크기가 1m 정도인 것으로 보아 성체가 아닌 새끼로 추측하고 있다.

GUST의 리더인 얀 순드베르크는 "셀요르드 호수는 원래 바다였다. 그러므로 셀마의 정체는 고생대 실루리아기(약 4억만 년 전)에 번성했던 원시 물고기 야모이티우스일 가능성이 있다."고 주장했다. 그의 말이 맞는다면 칠성장어와 비슷하게 생긴 고생대 생물은 멸종된 것이 아니라 셀요르드 호수에 숨어 사는 것인지도 모른다.

UMA FILE: 027

Storsie

실존도 ★★★★

[나라] 스웨덴 [발견] 1635년
[몸길이] 6~9m, 15~20m

스토르시에

▲스토르시왼 호수에서 촬영한 수수께끼의 그림자. 그러나 파도의 크기로 가늠했을 때 몸집이 작은 동물임을 알 수 있다. 수달이거나 바다표범일 가능성도 크다.

멸종 위기종이 된 미지 동물

스웨덴 중부에 있는 스토르시왼 호수는 1년 중 몇 개월은 얼어 있지만, 이런 혹독한 환경에서도 수많은 목격담이 쇄도하는 미지 동물이 살고 있다. 바로 '스토르시에'다.
1635년에 작성된 문서에 스토르시에에 대한 기록이 처음 나온 이래, 지금까지 500건이 넘는 목격담이 나왔다.
1898년에는 스토르시에를 생포하려 했으나 실패로 돌아갔다고 한다. 그때 사용한 덫이 스토르시왼 호수 부근에 있는 박물관에 전시되어 있다.
목격담이 많은데도 스토르시에가 어떻게 생겼는지는 구체적으로 알려진 바가 없다.
목격자들은 스토르시에가 '말, 개, 고양이, 악어' 등을 닮은 머리를

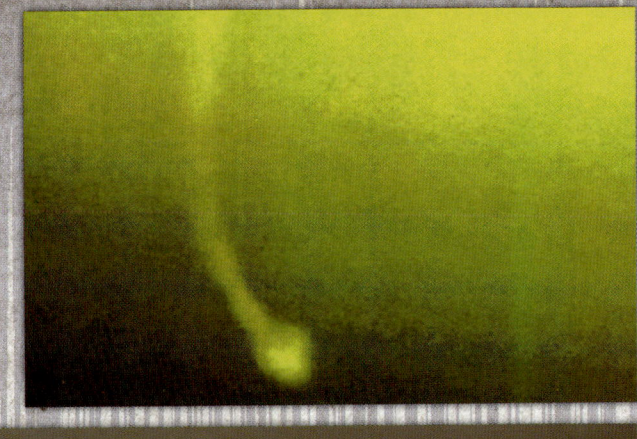

▶ 2008년, 호수 속에 설치한 카메라에 찍힌 뱀 같은 생물의 그림자. 새끼 스토르시에일까?

▼ 2008년 11월, 호수 밑에 설치된 카메라에 찍힌 미지 동물의 머리 부분. 물고기가 아닌 다른 종류의 생물이었다!

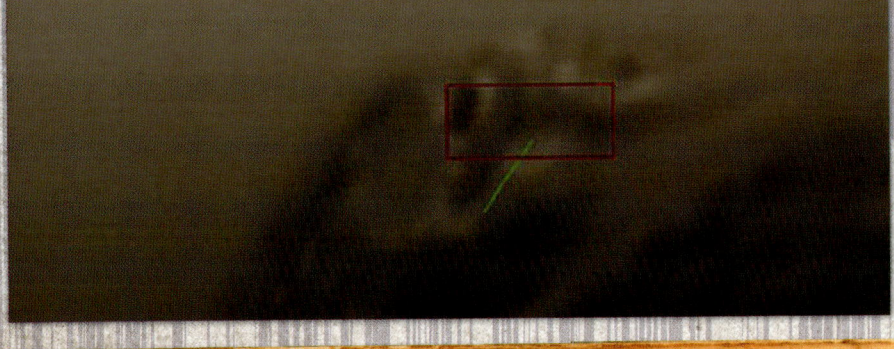

가졌으며 몸은 '장어, 뱀, 네시' 모양이라고 했다. 몸 크기는 6~9m 내지는 15~20m라는 등 제각각이다. 흥미로운 사실은 스토르시원 호수가 속한 옘틀란드 주에서는 1986년 이후 환경국이 스토르시에를 멸종 위기종(멸종할 위험이 큰 생물)으로 지정하고 생포와 살해를 금지했다는 점이다. 2008년 스토르시에 조사 협회는 한화로 약 6천만 원의 돈을 들여 호수 밑바닥에 카메라를 설치했다. 설치한 보람이 있어 그해에 스토르시에로 보이는 생물의 실루엣이 찍히기도 했다.
스토르시에의 정체에 대해 '셀마'에서 언급된 GUST는 거대한 용상어라고 주장하고 있지만, 확인된 바는 아니다. 어쨌든 뱀처럼 생긴 기괴한 생물이 호수 밑 카메라에 찍힌 것을 보면 스토르시윈 호수에 정체불명의 괴생물이 사는 건 확실하다.

제3장 물에 사는 UMA들

UMA FILE: 028

실존도 ★★★★☆

[나라] 미국, 캐나다
[발견] 1609년 [몸길이] 4.5~18m

챔프

Champ

▲1977년 7월, 샌드라 먼시가 우연히 촬영에 성공한 챔프

호수에 사는 수수께끼의 수장룡

미국 북동부의 뉴욕 주와 버몬트 주, 그리고 캐나다에 걸쳐 있는 좁고 긴 형태의 샴프렌이라는 호수가 있다. 이곳에서 가끔 목격되는 괴생명체가 '챔프'다. 챔프는 몸길이 4.5m에 몸무게가 수 톤인 것으로 추정되는 수장룡 타입의 미지 동물이다.

지역 주민 사이에서는 오래전부터 이 호수에 '뿔이 난 뱀'이 산다는 이야기가 돌았다고 한다. 1609년 프랑스 인으로 구성된 탐사대가 챔프를 목격했다는 기록이 가장 오래된 목격담이다.

지금까지 300건 이상 나온 목격담 중에서, 가장 유명한 것이 바로 1977년에 관광 차 호수를 찾았던 샌드라 먼시가 찍은 1장의 사진이다. 샌드라가 호반에서 약 45m 앞에 있던 챔프를 찍은 이 사진은 샴프렌

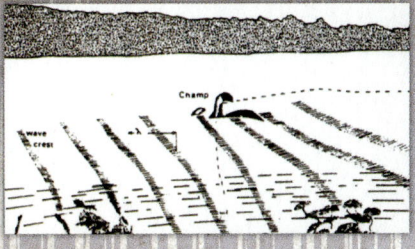

▲해양학자 폴 루브론(왼쪽)은 호수의 물결 모양으로 챔프의 크기를 추정할 수 있었다.

▲처음으로 선명한 챔프의 찍는 데 성공한 샌드라 먼시

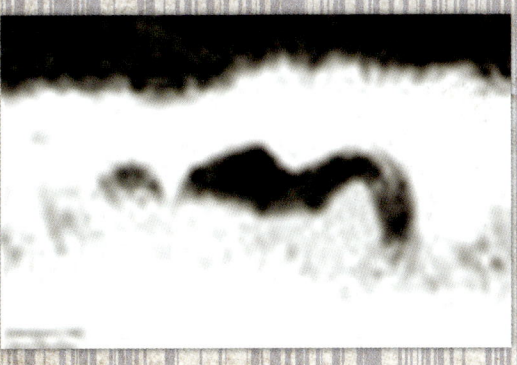

◀2002년 9월 8일, 데니스 홀이라는 남성이 촬영한 챔프

▲2009년 5월 31일에 촬영된 거대한 챔프의 영상

제3장 물에 사는 UMA들

호수에 괴물이 산다는 것을 전 세계에 알리는 기폭제가 되었다. 1982년, 샌드라의 사진은 캐나다 해양학자인 폴 루브론에게 진짜 사진이라는 감정을 받았다. 폴 루브론은 파도의 모양 등을 조사한 결과, 챔프의 몸길이가 최소 4.8m, 물속에 잠긴 부분까지 추정하면 최대 17.2m 정도 될 것이라 말했다.

2002년에는 데니스 홀이라는 남성이 챔프의 영상을 촬영하는 데 성공했다. 2009년에는 에릭 오르센이라는 사람이 노을이 비친 호수에서 긴 목을 내밀고 수영하는 챔프 비슷한 생물의 영상을 촬영했다.

현재 챔프를 연구하는 단체가 결성되어 매년 챔프가 자주 출현하는 여름 한 달 동안 집중적으로 조사를 벌이는 중이다.

Nahuelito

실존도 ★★★★★

[나라] 아르헨티나
[발견] 1897년 [몸길이] 5~40m

나웨리트

▲2006년 4월, 익명의 남성이 신문사에 제보한 나웨리트의 사진

거대한 뱀인가, 아니면 수장룡인가? 아르헨티나의 거대 괴수

아르헨티나 남부 파타고니아에는 맑은 물로 유명한 나우엘우아피 호수가 있다. 하지만 이 호수에는 '나웨리트'라 불리는 거대한 괴물이 산다고 한다. 나웨리트는 네시와 비슷한 수장룡으로, 가늘고 긴 목과 작은 머리, 등에 달린 2개의 혹, 어류의 것과 비슷한 지느러미를 가지고 있다. 몸길이는 목격자마다 다르게 말하지만 대략 5~40m인 것으로 보고 있다. 나웨리트가 처음 목격된 것은 1897년이지만, 그 이전부터 원주민들 사이에서 회자되던 괴물이었다. 또한, 네시 소동이 일어나기 전인 1922년, 부에노스아이레스 동물원 원장이 나웨리트를 찾기 위해 대규모 탐사대를 조직한 것으로도 유명하다. 이는 단순히 미지 동물 붐이 일었기 때문이 아니라, 괴이한

▲언제 찍었는지는 알 수 없지만, 나우엘우아피 호수에서 우연히 찍힌 미지 동물의 지느러미

▲2008년 11월 스페인에서 공개된 선명한 나웨리트의 사진. 뱀이라고 하기엔 머리가 매우 크다. 그러나 수면 밖으로 얼굴을 내민 각도가 부자연스럽다.

▲사진의 상세한 정보는 모르지만 나웨리트 사진으로 알려졌다. 나웨리트가 수장룡 타입이라고 해도 수면 밖으로 솟아오른 등의 혹은 아무래도 부자연스럽다.

▲나웨리트가 그려진 아르헨티나의 옛 지폐

생물의 존재를 수많은 사람이 눈치채고 있었기 때문에 가능한 일이었다. 목격한 사람이 많은 만큼 사진도 굉장히 많이 공개되었지만, 그 진위를 두고 논쟁이 벌어진 적도 많았다. 2006년, 파타고니아의 신문사에서 다음과 같은 기사 제목과 함께 내보낸 나웨리트의 사진이 전 세계적으로 큰 화제를 불러일으켰다.

'나우엘우아피 호수 괴물을 촬영하는 데 성공한 것인가?'

이 사진은 이름을 밝히지 않은 한 남성이 신문사에 제보한 것이라 한다. 또한, 2008년에도 스페인에서 나웨리트의 사진이 공개되었다. 하지만 미지 동물 연구가인 로레인 콜먼은 두 사진 모두 "가짜로 보인다."고 말했다. 만약 이 사진들이 조작된 것이라면, 그동안 진짜라는 평가를 받았던 나웨리트의 수많은 다른 증거 사진들의 가치까지도 떨어뜨리는 악영향을 미칠 것이다.

UMA FILE: 030

실존도 ★★★★★

[나라] 아일랜드 [발견] 1674년 [몸길이] 2m

도아르크
Dobhar-chú

◀ 1722년에 주민을 습격한 사건이 기록된 도아르크 비석

▶ 수달. 도아르크는 '수달의 왕'이라 불린다.

▲ 전설을 바탕으로 그린 도아르크의 상상화. 수달로 생각할 수 없을 만큼 흉포하고 강인해 보인다.

수달을 닮은 흉포한 괴수

'도아르크'의 몸길이는 2m이다. 표피가 검고 얼굴은 강아지처럼 생겼으며 체형은 수달과 비슷한 미지 동물이다.

아일랜드 서부에서 전설처럼 전해지는 괴물로, 옛 언어로 '수달·개'를 뜻한다. 대부분 두 마리가 짝을 지어 다니며 먹잇감을 호수로 끌고 들어간다고 한다.

도아르크가 처음 목격된 것은 1674년인데, 1722년에는 그레나드 호수에서 한 여성을 살해했다고 한다. 최근 들어 도아르크를 봤다는 사람이 거의 없어 멸종한 것이 아닌가 생각했으나 2003년 아일랜드 서부에 위치한 옴니 섬 호수에서 도아르크와 비슷하게 생긴 괴물을 봤다는 목격담이 나왔다.

실존도 ★★★★★

[나라] 노르웨이 [발견] 2005년 [키] 불명

크둘라
Kudulla

MEMO
빙하호는 빙하가 녹으면서 땅을 침식시켜 만들어진 비교적 젊은 호수이다. 만약 거대한 생물이 이곳에서 살고 있다면 바다에서 헤매다가 빙하호로 흘러 들어와 정착했을 가능성이 있다.

▲ 2005년, 낚시하던 아이날 요하네스 산네스가 휴대 전화로 촬영한 크둘라

제3장 물에 사는 UMA들

빙하호에 나타난 전설 속 괴물

2005년, 노르웨이 중앙 노르트뢴델라그에 있는 스나사 호수에서 낚시꾼이 미지의 괴생명체를 목격하고는 약 20m 전방에서 휴대 전화로 괴물을 촬영했다. 그러나 사진을 확인한 뒤 고개를 들자, 괴생명체는 이미 사라지고 없었다!

사진에는 수면 밖으로 나온 2m 정도의 머리만 찍혔지만, 이것만으로도 얼마나 몸집이 거대한지 충분히 예상할 수 있다. 스나사 호수의 주변 지역에서는 옛날부터 거대한 바다뱀 전설이 전해진다고 한다. 사진 속 UMA가 전설 속 괴물인지는 알 수 없지만, 사람들은 스나사 호수의 옛 이름을 딴 '크둘라'라는 이름을 붙였다. 괴물에 대한 새로운 정보가 나오기를 기대한다.

UMA FILE: 032

Ogopogo

실존도 ★★★★

[나라] 캐나다
[발견] 1872년 [몸길이] 6~9m

▲1967년 에릭 퍼슨이 처음으로 촬영한 오고포고

오고포고

▶호반에 설치된 오고포고의 모형

몸을 꿈틀대며 수영하는 호수의 괴물

'오고포고'는 캐나다 서부 브리티시컬럼비아 주에 있는 오카나간 호수에 산다는 수생 UMA이다. 옛날부터 원주민들 사이에서 회자되던 괴물이기도 하다. 원주민들은 호수의 악마를 뜻하는 '나하이토크', '나이타카' 등으로도 불렀다. 그러다가 1974년 영국에서 이 괴물을 소재로 만든 노래가 히트를 치면서 지금의 '오고포고'라는 이름이 일반적으로 쓰이게 되었다.

문서에 남아 있는 최초의 목격담은 1872년으로 거슬러 올라간다. 그 뒤, 오고포고를 봤다는 목격담만 200건 이상 나왔다. 몸길이는 6~9m, 머리는 말이나 소와 비슷하게 생겼고 등에 혹이 달렸으며 가늘고 긴 몸을 지녔다. 꼬리지느러미는 2개로 나누어져 있다. 자나방의 애벌레처럼 몸

▲1976년 8월 3일, 에드워드 프레처가 촬영한 오고포고

▲2008년에 조사팀이 발견한 오고포고 새끼로 보이는 사체

▲2009년 구글 어스의 위성사진에 찍힌 오고포고의 것으로 보이는 실루엣

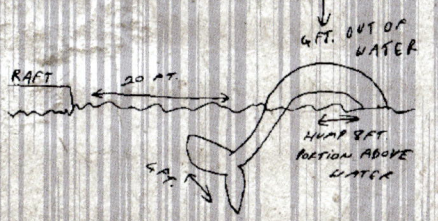
▲1974년 오고포고를 본 클라크 부인이 그린 그림

제3장 물에 사는 UMA들

전체를 앞으로 당겼다가 펴는 방식으로 헤엄친다.
1974년에는 오카나간 호수에서 수영하던 한 주부의 발에 오고포고가 걸리는 사건이 발생했다. 깜짝 놀란 주부는 가까이 있던 뗏목에 필사적으로 기어 올라갔다. 훗날 그녀는 이렇게 말했다.
"무엇인가가 발을 스치고 지나갔을 땐 정말 깜짝 놀랐어요. 뗏목 위에서 장어처럼 생긴 거대한 생물이 헤엄치는 것을 발견했을 땐, 그 무시무시한 크기에 꿈인지 생시인지조차 구분이 안 될 지경이었어요."
2009년, 인터넷 지도 서비스 사이트 구글 어스가 오카나간 호수를 촬영한 사진에 거대한 생물의 그림자가 찍혔다. 또한 미국의 유력지 「뉴욕 타임스」는 오고포고 목격담을 제보하는 시민에게 약 1,000달러(한화로 약 110만 원)의 상금을 준다고도 했다.

UMA FILE: 033

실존도 ★★★★★

[나라] 캐나다 [발견] 2004년 이전 [몸길이] 4m

캐머런 호수의 괴물

Cameron Monster

▲2007년 7월 30일, 브리짓 호버스가 촬영한 캐머런 호수의 괴물

수중 음향 탐지기가 잡은 거대한 괴수

캐나다 서부 브리티시컬럼비아 주 밴쿠버 섬에 있는 캐머런 호수. 오래전부터 검고 거대한 바다뱀을 봤다는 사람들이 있었다. '캐머런 호수의 괴물'이라 불리는 이 UMA는 2007년에 처음 모습이 포착됐으며, 이 사진이 지역 신문에 실리면서 크나큰 화제를 불러일으켰다.

2004년부터 호수를 조사한 존 카츠의 '브리티시컬럼비아 과학 미지 동물 클럽'은 2009년에 수중 음향 탐지기를 활용해 탐색한 결과, 호수 밑 수심 18m와 24m 지점에서 거대한 생물을 포착하는 데 성공했다.

빛과 파도가 만들어 낸 착각이 아닌 거대한 생물이 진짜 호수에 숨어 사는 것이다.

네키

Neckie

실존도 ★★★★☆

[나라] 미국 [발견] 1899년 [몸길이] 7.5m

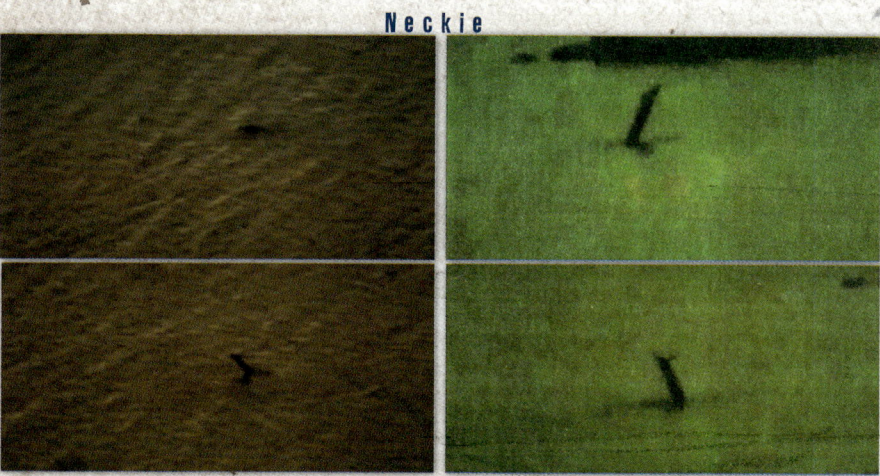

▲2009년에 네키의 모습을 잡은 감시 카메라의 영상. 제대로 보이진 않지만, 머리인지 꼬리 끝인지가 두 갈래로 나누어져 있다.

상어와 비슷한 이빨을 가진 수생 괴물

미국 북동부 뉴욕 주에 있는 거대한 네카 호에 옛날부터 신비한 괴물이 산다는 소문이 돌았다. 괴물의 몸길이는 약 7.5m, 머리도 몸도 가늘고 길어 전체적으로 향유고래와 비슷하게 생겼다. 입에는 상어와 비슷한 예리한 이빨이 2열로 나란히 나 있다.

1899년, 호수를 항해하던 증기선 오리티아니 호가 괴물과 충돌했다. 그 충격으로 괴물은 즉사했고, 사체는 호수 밑으로 가라앉았다고 한다. 그때부터 괴물에게는 네시의 이름을 딴 '네키'라는 이름이 붙었고, 네키를 봤다는 사람들도 줄줄이 나타났다.

2009년에는 네키처럼 보이는 괴생명체가 찍힌 영상이 인터넷 동영상 사이트에 공개되기도 했다.

UMA FILE: 035

실존도 ★★★★☆
[나라] 중국 [발견] 1985년? [몸길이] 10m

카시
Kassie

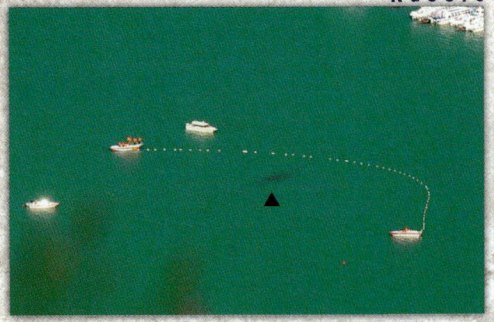

▼2005년 유람선을 탄 관광객이 촬영한 카시

▲2010년 7월 카나스 호수 상공에서 촬영한 카시로 보이는 실루엣. 보트보다 더 큰 몸집을 지닌 것으로 보인다.

MEMO
민물연어는 민물고기로 시베리아와 몽골에 서식한다. 기록에 따르면 최대 몸길이가 2m라고 한다.

중국 오지에 사는 거대한 물고기

중국 서북부 신장웨이우얼 자치구에 있는 카나스 호수. 이 관광 명소에서 거대한 생물을 목격했다는 기사가 지역 신문 「신장일보」에 실려 화제가 되었다. 생물의 몸길이는 약 10m, 체중은 약 4톤으로 추정된다. 목격자는 20명의 신장 대학 소속 생물학 교수들. 이들은 호수 근처에 있는 산꼭대기에서 거대 생물을 목격했다고 한다. 호수의 이름을 따 '카시'라 불리는 이 괴생물은 2005년에 유람선을 탄 7명의 관광객에게도 목격되었다. 카나스 호수에 산다는 거대한 생물의 정체는 과연 무엇일까? 현지 조사팀에 따르면 연어과 중 몸집이 큰 민물연어로 추측된다고 한다. 하지만 그것이 사실이라고 해도 10m나 되는 민물연어가 있다는 것만으로도 빅뉴스감이다.

[나라] 러시아 **[발견]** 1991년 이전 **[몸길이]** 불명

네스키
Nesski

▲ 네스키(원 안)가 출몰한 장소를 손가락으로 가리키는 목격자

낚시꾼을 위협하던 공포의 UMA

차니 호는 러시아 서시베리아의 노보시비르스크 주에 있는 최대 수심 7m의 얕지만 넓은 호수다.
이곳에는 지역 주민들이 '네스키'라 부르는, 수장룡 타입에 4개의 지느러미를 가진 괴수가 산다고 한다. 구소련 시대부터 네스키를 봤다는 목격담이 있었다. 네스키가 어선을 전복시키거나 낚시꾼을 물속으로 끌고 들어가는 등 무시무시한 사건들을 벌였다고 한다. 3년 동안 19명이 행방불명됐으며 그나마도 찾은 시체에는 몸 일부가 잡아먹힌 듯한 흔적이 있었다고 한다. 2007년과 2010년에도 네스키의 소행으로 보이는 희생자가 발생하기도 했다.

[나라] 미국 [발견] 1943년 [몸길이] 12m

체시
Chessie

▲ 1982년에 비디오카메라에 찍힌 체시. 사진의 오른쪽 중간 부분에 꼬리로 보이는 부분의 그림자가 비치는 것을 볼 수 있다. 특수한 환경에서 몸집이 커져 버린 무태장어나 바다뱀일지도 모른다.

몸길이 12m의 수생 괴수

'체시'는 미국 동부 메릴랜드 주 체서피크 만으로 흘러들어 오는 포트맥 강에 출몰한다는 수생 괴물이다. 풋볼 공처럼 생긴 머리가 특징으로 흑갈색 몸에 새하얀 반점이 나 있다. 몸길이는 약 12m이며 등에 몇 개의 혹이 있다.

처음 체시를 목격한 것은 1943년이지만 1978년부터 목격담이 급증했다. 1982년에 페리 선에서 촬영한 비디오 영상은 훗날 워싱턴에 있는 스미스소니언 협회 소속 동물학자 20명에 의해 분석되었다. 동물학자들이 결론지은 체시의 정체는 바로 수달. 하지만 지금까지 몸길이가 12m나 되는 거대한 수달이 발견된 적은 단 한 번도 없었다.

UMA FILE: 038

실존도 ★★★★

[나라] 아일랜드 [발견] 1981년 [몸길이] 6~10m

린 몬스터
Leane Monster

▲1981년 8월, 전문 카메라맨인 팻 캐리가 촬영한 린 몬스터

제3장 물에 사는 UMA들

정보가 적은 미지의 수생 생물

네시를 닮은, 물에 사는 UMA가 아일랜드 남부 코크 주 린 호수에 산다고 한다. '린 몬스터'라 불리는 이 UMA의 몸길이는 6~10m. 머리에 뿔이 달렸다는 게 네시와 다른 점이다.

하지만 린 호수 근처에는 큰 마을이나 논밭이 없어서 연구 단체의 관심을 끌지 못했고, 그 때문에 UMA에 대한 정보도 거의 없는 편이다.

미국의 유명한 미지 동물 연구가인 로이 맥컬이 두 번에 걸쳐 조사하긴 했지만 이렇다 할 성과는 없었다.

1981년에 찍은 사진이 린 몬스터를 포착한 유일한 증거라고 한다.

실존도 ★★★★★
[나라] 캐나다 [발견] 1908년 [몸길이] 12m

매니포고
Manipogo

◀ 1962년 3월 12일, 어부 리처드 빈센트가 촬영한 매니포고. 이 사진만 보면 매니포고는 수장룡이 아니라 바실로사우루스나 거대한 바다뱀일 가능성이 있다.

MEMO
바실로사우루스는 4천만 년 전에 살았던 고대 고래의 한 종류이다. 몸길이는 약 15m이며 지금의 고래보다 길고 가는 몸을 지녔다.

바실로사우루스가 살아 있다?

캐나다 동부에 있는 매니토바 주에는 정령이 사는 성지로 알려진 매니토바 호수가 있다. 이 호수에 사는 괴생명체가 바로 '매니포고'다. 1908년, 매니토바 호수에서 몸을 위아래로 꿈틀거리며 수영하던 뱀처럼 생긴 거대한 괴물이 목격되었다. 몸길이는 대략 12m 정도. 다이아몬드 모양의 머리는 20cm밖에 안 될 만큼 작았다.

1936년에 한 어부가 매니토바 호수에서 어망에 걸린 기괴한 뼈를 발견했다. 하지만 전문가들에게 감정을 받기도 전에 화재로 뼈가 불타 버리고 말았다. 훗날 뼈 모양을 그대로 재현한 모형을 본 전문가는 수장룡의 척추일 가능성이 크다고 했다.

정말 그 뼈가 매니포고의 것이었을까?

UMA FILE: 040

실존도 ★★★★★

[나라] 뉴질랜드 [발견] 1980년 [몸길이] 불명

타우포 몬스터
Taupo Monster

▲연구가인 렉스 길로이가 촬영한 타우포 몬스터. 굉장히 몸집이 작고 새처럼 보이기도 하지만, 정체는 여전히 알 수 없다.

제3장 물에 사는 UMA들

뉴질랜드의 수장룡

뉴질랜드 북쪽 섬 정중앙에 있는 타우포 호는 뉴질랜드에서 가장 큰 호수다. 1980년, 호주의 유명한 미지 동물 연구가인 렉스 길로이가 호수를 천천히 횡단하던 미지 동물 '타우포 몬스터'를 목격하고 촬영하는 데 성공했다.
암갈색으로 보이는 괴생명체는 약 10분 동안 모습을 나타냈다고 한다. 길로이는 이렇게 말했다.
"타우포 호에는 20~30마리의 몬스터가 살고 있을 가능성이 있다. 네시처럼 오래전 멸종된 줄 알았던 수장룡 타입의 생물이 살아남아 번식한 것이 아닐까?"

UMA FILE: 041

실존도 ★★★★★

[나라] 영국　[발견] 2006년　[몸길이] 6~15m

보우네시

Bownessie

▶2011년 2월, 카약을 타고 있던 톰 피클스가 휴대 전화로 찍은 보우네시

▲왼쪽 사진을 확대한 것

◀2006년, 사진작가인 린덴 애덤스가 촬영한 몸길이 15m의 보우네시

4개의 혹이 달린 괴물

영국 북서부 캄브리아 주의 호수 지방. 그곳에 있는 수많은 호수 중 하나인 윈다미아 호에는 근처 마을인 보우네스의 이름을 딴 '보우네시'라는 괴생명체가 산다. 몸길이는 약 15m이며, 등에 3~4개의 혹이 달린 이 괴물은 2006년에 처음 발견되었다.
그 후 10건이 넘는 목격담이 보고되었고, 보우네시를 찍은 사진 몇 장도 세상에 공개되었다. 하지만 안타깝게도 보우네시가 선명하게 찍힌 사진은 없다. 2011년에는 보우네시로 추정되는 생물을 휴대 전화 카메라로 찍은 사람이 나왔다.
하지만 이 사진만으로는 진짜 보우네시인지 아니면 다른 괴생명체인지 구분할 수가 없었다.

UMA FILE: 042

실존도 ★★★★★

[나라] 영국 [발견] 2004년 [몸길이] 30cm

미니 네시
Mini Nessie

▲영국 남서부 해안에서 발견된 작은 몸집의 미지 동물. 하지만 정체를 파악하기도 전에 사진 속 사체는 사라지고 말았다.

네시의 축소판인가, 아니면 돌고래 새끼인가?

2004년 영국 서남부 도셋 주 버튼 근처의 해안으로 떠내려온 기괴한 괴생물의 사체가 있었다. 마치 네시를 축소해 놓은 듯한 모습 때문에 '미니 네시'로 불린 이 괴생물은 몸길이가 약 30cm로, 몸통 양옆에 2쌍의 지느러미가 달렸고, 날카로운 이빨과 발톱도 있었다.

미니 네시의 정체를 두고 전문가들은 돌고래 태아라고 주장했다. 하지만 돌고래에게는 발톱이 없다. 게다가 이상한 것은 사체가 발견된 직후, 모습을 감추었고 두 번 다시 전문가와 학자들 앞에 공개되지 않았다는 점이다. 그렇기에 미니 네시를 둘러싼 진실은 여전히 미궁에 빠져 있다.

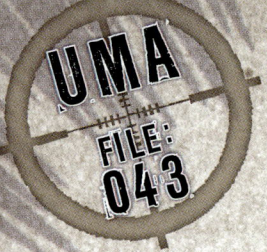

실존도 ★☆☆☆☆

[나라] 미국 [발견] 1990년대 [몸길이] 5~10m

레이
Raystown Ray

▶ 2006년 4월, 어부가 촬영한 호수에서 수영하는 레이. 수장룡이나 작은 용각류로 추측된다.

▲ 2009년 3월에 촬영한 레이의 뒷모습. 잠수하는 모습으로 보아 수생 생물일지도 모른다.

인공 호수에 사는 초식 공룡?

미국 동부 펜실베이니아 주 레이스타운 호수에는 1990년대부터 몸길이 5~10m인 뱀처럼 생긴 머리와 길고 가는 목을 가진 괴물, '레이'를 목격했다는 사람들이 나오고 있다. 2006년에는 한 어부가 호수를 헤엄쳐 이동하는 레이를 촬영했으며, 2009년에는 레이의 뒷모습이 찍히기도 했다. 호수 근처에 사는 야생 동물학자는 "보트와 물가에 사는 동물은 절대로 덮치지 않는 것으로 보아 멸종한 줄 알았던 초식 공룡이 살아남은 것이 아닐까 생각한다."고 말했다. 성격이 순해서 사람에게 피해를 입히지 않는다고 한다.

그러나 레이스타운 호수는 1912년에 만든 인공 호수다. 이 거대한 괴물, 레이가 도대체 어디에서 왔는지 의문이다.

실존도 ★★★☆☆

[나라] 파푸아뉴기니 [발견] 1972년 [몸길이] 5~10m

미고
Migo

▲1994년, 일본 텔레비전 방송 취재반이 촬영에 성공한 미고!

> ❗ 일본에 '호수의 주인'이라는 말이 있듯이, 외국에도 호수에 사는 거대한 생물을 신처럼 받드는 풍습이 있다. 미고 역시 호수를 지배하는 거대한 악어일 가능성이 높지만, 실제 정체는 불분명하다.

전설에 등장하는 흉포한 수생 괴물

파푸아뉴기니, 뉴브리튼 섬 중부에 있는 다카타우아 호수에는 흉포한 괴물, '미고'가 산다. 현지에 떠도는 전설에 따르면 갈기가 달린 긴 목과 거북이의 것과 비슷한 손과 발을 가진 괴물이다. 미고의 정체는 6천6백만 년 전 중생대에 멸종한 해양 파충류 모사사우루스일지도 모른다.

미고는 길고 가는 몸을 세로 방향으로 꿈틀대며 이동한다. 호수 부근에 사는 주민들의 말에 따르면 미고는 만월의 밤에 육지로 올라와 새와 물풀을 먹는다고 한다.

1972년에 일본 태평양 자원 개발 연구소가 본격적으로 미고를 조사하기 시작하면서 지역 주민의 증언을 수집했다. 또한, 1994년에는 미고가 카메라에 찍히기도 했다.

[나라] 터키 [발견] 1990년대 [몸길이] 20m

자노
Jano

▲1997년 5월, 우날 코잭이 촬영한 추정 몸길이 20m의 자노

거대 수생 포유류가 실제 정체?

터키 동부 아나톨리아 지방에 있는 반 호는 터키에 있는 호수 중 가장 큰 규모를 자랑한다. 이 호수에 사는 괴물이 바로 '자노'다. 1990년부터 괴물을 봤다는 사람들이 나타났는데, 고래처럼 물을 내뿜기도 하고 물 위로 뛰어오르기도 하는 것으로 보아 수생 포유류일 가능성이 크다. 밤이 되면 '우우~' 하고 울부짖기도 한다. 1997년, 자노를 촬영한 비디오 영상이 세상에 공개되면서 자노는 전 세계에 널리 알려졌다.

일본에서 가장 큰 담수호인 비와 호보다 다섯 배나 큰 반 호는 염분이 많아 생물이 살기에 적합하지 않은 곳으로 여겨졌지만, 실제로는 풍부한 식생을 자랑한다. 그래서 자노 역시 이것들을 먹이로 삼아 사는 것으로 보인다.

실존도 ★★★★

[나라] 미국·캐나다 [발견] 1800년대 [몸길이] 6~15m

멤프레

Memphre

▲1997년에 패트리샤 드브로인 푸르니에가 촬영한 멤프레의 귀중한 사진

▶전설을 바탕으로 그린 멤프레. 마치 드래곤처럼 보인다.

주에서 보호하는 레이크 몬스터

북미 동부 캐나다 퀘벡 주와 미국의 버몬트 주의 국경에 있는 좁고 긴 멤프리메이고그 호에 사는 것으로 알려진 수장룡 타입의 몬스터가 '멤프레'이다.

몸길이는 6~15m이며 말처럼 생긴 머리와 긴 목을 지녔고, 등에는 혹이 달려 있다. 원주민들 사이에서 전해 내려오는 전설 속 괴물로, 지금까지 150건 이상의 목격담이 있다. 하지만 멤프레를 촬영한 사진이나 영상은 전부 흐릿하거나 초점이 맞지 않아 자료 속 괴물이 진짜 멤프레인지 아닌지 판별하기가 어려웠다.

그러나 1987년, 버몬트 주 의회는 '멤프레 보호법'을 제정한 뒤, 멤프레를 죽이거나 포획하는 것을 강력하게 금하고 있다.

실존도 ★★★★★

[나라] 영국 [발견] 1893년 [몸길이] 12~15m

모라그
Morag

◀1977년 1월, M. 린제이라는 여성이 촬영한 모라그. 검고 둥근 그림자가 수면 위에 떠 있다.

괴성을 지르던 괴룡

영국 북부 스코틀랜드 모라 호에 산다는 '모라그'는 네시와 어깨를 견줄 만큼 유명한 수생 생물이다. 모라그라는 말은 현지의 고어로 '호수의 정령'이라는 뜻이다. 이름에서도 알 수 있듯이 오래전부터 모라 호에 괴물이 산다는 소문이 떠돌았다. 몸길이는 12~15m 정도로 네시와 같은 수장룡 타입이다. 기록에 남아 있는 모라그의 최초 목격담은 1893년, 호수에서 괴성을 내는 모라그를 봤다는 내용이다. 1977년에는 호수의 수면 위로 모습을 드러낸 모라그를 촬영했다.

교통편이 불편해 찾아오는 사람이 적은데도 불구하고 모라그를 봤다는 사람들이 꾸준히 나오는 것을 보면, 모라그가 실제로 존재할 가능성이 높다고 할 수 있다.

UMA FILE: 048

[나라] 미국·캐나다 [발견] 1894년 [몸길이] 불명

실존도 ★★

프레시
Pressie

▶1977년 랜디 브라운이 하이킹을 하다가 촬영한 프레시. 거대한 뱀처럼 보인다.

▲머리 부분을 확대하면, 코가 튀어나온 말처럼 생긴 괴물임을 알 수 있다.

제3장 물에 사는 UMA들

오대호에 서식하는 미지 동물

북미 북동부, 미국과 캐나다 국경에 있는 오대호 중 하나인 슈피리어 호. 이 호수에 사는 것으로 알려진 바다뱀처럼 생긴 괴물이 바로 '프레시'이다. 이 호수로 흘러들어 오는 프레스크 아일 강에서 목격된 적이 많아 이런 이름이 붙었다.

1894년에 증기선 선원이 호수의 수면 위로 말처럼 생긴 얼굴을 내밀고 있는 미지 동물을 발견했고, 1930년에는 거대한 뱀처럼 생긴 생물이 헤엄치는 모습을 본 사람이 있었다. 원주민 사이에서 전해 내려오는 이야기 속에도 프레시가 자주 등장하지만, 존재를 밝힐 만한 사진이나 영상은 거의 없었다. 1977년에 찍힌 사진이 그나마 프레시가 실재한다는 것을 증명하는 귀중한 사진이다.

UMA FILE: 049

실존도 ★★★★☆

[나라] 콩고 공화국
[발견] 1776년 [몸길이] 8~15m

모케레 음벤베

Mokele-Mbembe

▲1966년에 야생 동물 전문 카메라맨인 이반 리델이 촬영한 미지 동물의 발자국. 4개의 발굽을 가진 코뿔소보다 발가락이 3개인 아파토사우루스의 발자국과 더 비슷하다.

원주민을 두렵게 한 "죽음과 공포"를 초래하는 공룡

아프리카 대륙 중앙에 있는 콩고 공화국 오지, 리코아알라 지방의 텔레 호수. 이 호수에 전설 속 괴물 '모케레 음벤베'가 산다고 한다. 이 기괴한 이름은 현지어로 '무지개', '반수반신(반은 짐승, 반은 신)' 등의 여러 가지 뜻을 지닌다.

물과 육지에서 살 수 있으며, 초식성임에도 공격적인 성격이라고 한다. 몸길이는 8~15m. 네 발로 걸으며 삼각형 모양의 작은 머리와 긴 목, 도마뱀처럼 옆구리에서 뻗은 4개의 발 등이 특징이다.

모케레 음벤베는 원주민들에게 '죽음과 공포'의 상징으로, "물속에 숨어 사는 불길한 괴물이다. 괴물에 대해 말하는 자는 죽는다."는 전설이 전해져 내려온다.

▲ 텔레 호수. 지금도 도로가 없는 정글 깊숙한 곳에 있어 접근이 어렵다.

◀1909년에 독일의 유명한 동물 상인이었던 칼 하겐베크가 공룡을 닮은 미지 동물을 목격한 뒤 신문에 관련 기사를 냈다. 이때부터 콩고에 공룡이 있다는 소문이 전 세계로 퍼져나갔다.

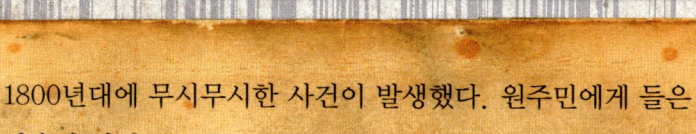

▶1981년 7월 1일, 케빈 더피가 촬영한 텔레 호수에 사는 모케레 음벤베

제3장 물에 사는 UMA들

실제로 1800년대에 무시무시한 사건이 발생했다. 원주민에게 들은 사건은 다음과 같다.

"마을을 습격한 괴물을 마을 사람 모두가 힘을 합쳐 잡았대요. 그 뒤 괴물의 고기를 나눠 먹었는데, 먹은 사람은 모두 죽었다는 거예요."

이 사건 이후로 원주민들 사이에서 괴물과 관련되면 불길한 죽음의 그림자를 피할 수 없다는 소문이 퍼지게 되었다.

기록에 남아 있는 모케레 음벤베의 최초 목격담은 프랑스 출신의 신부가 1776년에 발견한 것이다. 하지만 그때는 90cm 정도 되는 거대한 발자국만을 찾았을 뿐이다. 처음으로 괴물 비슷한 것을 본 사람은 영국의 장사꾼으로 1880년의 일이었다. 20세기 들어서 목격담이 늘어났으며, 죽음의 저주 따위 두려워하지 않는 전 세계의 탐험가와

◀1992년에 촬영했다는 호수를 헤엄치는 모케레 음벰베. 몸집이 다소 작아 보인다.

▲키어 레가스터즈가 촬영한 모케레 음벰베의 사진

학자들이 현지를 찾았다. 그중에서 특히 주목해야 할 사람은 1981년에 텔레 호수를 방문한 미국 제트 추진 연구소(NASA의 연구 기관) 소속 우주 공학 기사 허먼 레가스터즈가 이끈 조사팀이다. 그들이 현지에서 거둔 성과를 잠깐 소개하도록 하겠다. 먼저 모케레 음벰베의 소리로 추정되는 기괴한 울음소리를 테이프에 녹음했다. 훗날 음향 분석, 동물학, 파충류학 전문가들이 이 소리를 분석했는데, 지금까지 알려진 어떤 동물의 울음과도 일치하지 않아, 대형 괴생물의 것이라는 결론을 내렸다. 아프리카 괴물=모케레 음벰베가 실제로 존재한다는 과학적인 증거를 얻은 셈이다. 또한 허먼의 부인인 키어 레가스터즈는 모케레 음벰베를 촬영하는 데 성공했다. 그녀는 이렇게 말했다.

"보트를 타고 텔레 호수를 조사하고 있었는데, 20m 앞에서 갑자기

▲모케레 음벰베가 사실은 코뿔소라는 말도 있다.

▼괴물을 조사한 허먼 레가스터즈

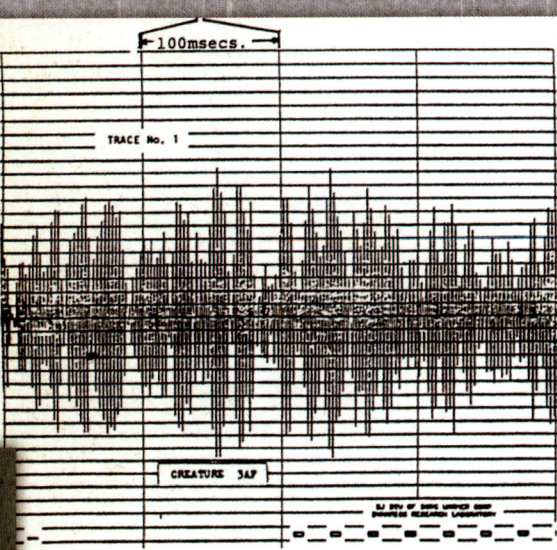
▲레가스터즈 조사대가 녹음한 괴물의 소리 분석 그래프. 하지만 정체는 여전히 오리무중이다.

뱀 머리 비슷한 것이 불쑥 튀어나왔어요. 그래서 카메라를 들고 바로 찍었습니다."
하지만 괴물이 바로 물속으로 들어가 버렸기 때문에 사진을 찍은 건 단 한 번뿐이고, 그나마도 초점도 노출도 조정하지 못하고 찍었다고 한다. 그 때문에 유감스럽게도 사진이 전혀 선명하지 않아 호수에 '무언가'가 있다는 것만 확인할 수 있었다. 모케레 음벰베의 정체에 대해서는 여러 가지 설이 많다. 그중에서 가장 힘을 얻고 있는 것이 중생대 쥐라기(약 2억~1억4천만 년 전)에 등장했던 초식 공룡 아파토사우루스의 축소판이라는 것. 긴 꼬리와 코끼리를 닮은 발가락 등 공통점이 많기 때문이다.
그 외에도 거대한 왕도마뱀의 일종이라는 설과 코뿔소라는 설 등이 있다.

UMA FILE: 050

실존도 ★☆☆☆☆

[나라] 일본 [발견] 1978년
[몸길이] 20~30m

잇시

Issie

▲1978년 12월 16일에 촬영한 이케다 호수에서 산다는 잇시.(사진=마즈하라 토시아키)

▶호반에 설치된 잇시의 조각상 '잇시 군'

일본판 네시가 나타났다!

가고시마 현 이부스키 시에 있는 이케다 호수에는 몸길이 2m의 거대한 장어가 산다. 하지만 이케다 호수에 사는 생물은 이것만이 아니다. '호수의 왕'으로 불리는, 몸길이 20~30m의 무시무시한 거대 수생 괴물도 산다고 한다. 머리와 꼬리 부분은 확인된 바가 없지만, 등에는 2개의 혹, 내지는 등지느러미로 보이는 돌기가 달려 있다고 한다.

1978년, 이케다 호수 근처에서 캐치볼을 하던 2명의 소년이 물보라를 일으키며 수면 위로 떠오른 2개의 검은 혹 같은 것을 목격했다.

"호수의 왕이 나타났다!"

소년들은 그 길로 어른들에게 알렸고, 그곳에 사람들이 모이기 시작했다. 그 덕에 20명이 넘는 사람들이 20분 동안 호수에서 헤엄치는 괴물을 보게

▲1990년 10월 21일, 처음으로 비디오카메라로 촬영된 잇시의 영상 한 컷

▲이케다 호수에 서식하는 무태장어. 몸길이가 2m에 달한다. 하지만 20m까지 성장하진 않는다.

▲1993년 10월 25일 오전 10시, 호수의 수면 위로 2분 동안 모습을 드러낸 잇시

MEMO

바다와 호수에 서식하는 미지 동물을 조사할 때 가장 신경 써야 할 것이 바로 잔물결이다. 특히 호수에서는 바람의 영향으로 잔물결이 발생하면 생물이 나타나는 것처럼 보이므로 요주의. 무엇보다 중요한 것은 잔물결과 함께 호흡과 먹이 사냥을 위한 생물학적 특징을 보이는지를 판별하는 것이다.

제3장 물에 사는 UMA들

되었다. 이 사건은 당시 신문과 잡지에 대서특필되었다. 이때부터 호수의 괴물은 네시의 이름을 따 '잇시'로 불리게 되었으며, 이 이름은 전국적으로 유명해졌다. 그 뒤로 이케다 호수를 찾는 관광객이 늘었으며, 그 덕에 잇시를 봤다는 목격자도 폭증했다. 잇시가 처음으로 사진에 찍힌 것은 1978년 12월. 이부스키 시 관광 협회는 이 사진을 철저히 검증한 뒤, '잇시의 몸 일부가 찍힌 게 분명하다.'는 결론을 내렸다. 사진을 찍은 사람은 10만 엔(한화로 약 900만 원)의 상금을 받았다. 잇시의 정체를 두고 수장룡설과 거대해진 무태장어설 등이 난무하지만, 정체를 밝힐 만한 확실한 증거는 아직 없다. 게다가 1993년 이후로 잇시는 어찌 된 일인지 좀처럼 모습을 보이지 않고 있다.

실존도 ★★☆☆☆

[나라] 일본 [발견] 1615년 [몸길이] 1.5~3m

타키타로

Takitaroh

▲1984년 '제2회 타키타로 조사' 시 잡았던 거대한 물고기. 몸길이 70cm로, 타키타로로 보기엔 몸집이 너무 작다.

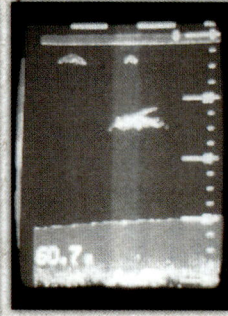

▲ 조사단의 수중 음향 탐지기에 찍힌 거대한 물고기의 실루엣(사진=타키타로 조사단)

환상 속 거대한 물고기가 실제로 존재한다?

야마가타 현 아사히 산맥에 있는 오오토리 연못에는 이것을 잡으면 재앙이 찾아온다는 전설을 지닌 물고기, '타키타로'가 있다. 그 예로 1615년, 오오토리 연못에서 물고기를 잡았을 때 대홍수가 일어났다고 한다. 몸길이 1.5~3m인 타키타로가 전국적으로 유명해진 것은 1982년이었다. 연못의 수면에 거대한 물결이 이는 것을 한 관광객이 발견하고는 쌍안경으로 무슨 일인지 확인했다고 한다. 그때 몸길이 2m 정도 되는 거대한 물고기가 헤엄치는 것을 목격했다. 1983년, 정확한 조사를 위해 오오토리 연못에 수중 카메라와 수중 음파 탐지기 등의 장비가 설치되었다. 그 결과 연못에 거대한 물고기가 살고 있다는 것은 확인했으나, 그것이 정말 전설 속 타키타로인지는 밝히지 못했다.

실존도 ★★☆☆☆

[나라] 일본 [발견] 1972년 [몸길이] 10~20m

굿시
Kussie

▲굿샤로 호수에 전시되어 있는 굿시의 모형

▲1979년에 삿포로 시에 사는 한 회사원이 촬영한 쿠시. 모습만 보면 수장룡이다.

40명의 중학생이 목격했다!

홋카이도 쿠시로 지방에 있는 굿샤로 호수. 이곳에서 '굿시'라 불리는 수장룡 괴물이 발견된 건 1972년이었다. 등의 일부만 봤을 뿐이지만, 괴물은 마치 보트를 뒤집어놓은 것 같은 모양이었다고 한다.
1973년에는 기타미 시 기타 중학교 소속 40여 명의 학생이 호수에서 헤엄치는 거대한 괴물을 목격하여 전국적으로 화제가 되었다.
1979년에는 삿포로 시에 사는 한 가족이 굿시를 촬영하는 데 성공했다. 하지만 굿샤로 호수는 1938년에 발생한 지진의 영향으로 호숫물이 산성으로 바뀌어, 굿시의 먹잇감인 물고기의 개체 수가 줄어들었다. 그래서 이 거대 생물이 어떻게 호수에서 살아갈 수 있는지는 여전히 수수께끼로 남아 있다.

Inkanyamba

[나라] 남아프리카공화국
[발견] 불명 [몸길이] 10~20m

실존도 ★★★★☆

인카냠바

▶ 1995년, 호윅에서 레스토랑을 운영하던 밥 티니가 촬영한 인카냠바

산 제물을 원하는 거대한 뱀

남아프리카 동남부 크와줄루 나탈 주의 오래된 도시 호윅에는 높이가 111m나 되는 호윅 폭포가 있다. 현지에서 인기 있는 관광지인 이 폭포와 주위의 강에서 출몰한다고 알려진 것이 바로 '인카냠바'다.

인카냠바의 몸길이는 10~20m. 거대한 장어나 뱀을 연상시키는 몸을 가지고 있으며, 육식성에 성격도 포악하다고 한다. 안개가 자욱하게 낀 날에 특히 목격담이 쇄도한다. 실제로 주위 강에서는 몸길이 1m가 넘는 무태장어가 살고 있기에 인카냠바는 무태장어를 착각한 것으로 생각하는 사람들이 많다.

하지만 원주민들은 오래전부터 호윅 폭포를 선조들의 혼령과 인카냠바가 사는 성지로 숭상하고 있어, 인카냠바에게 산 제물을 바친 기록도 있다.

◀부근에 있는 고대 벽화에 그려진 말의 머리에 뱀의 몸을 한 괴물. 생존을 위해 인카냠바와 싸우는 원주민들의 모습도 함께 있다.

◀왼쪽 페이지에 실린 사진을 보정하면 괴물의 배에 뱀처럼 주름이 있다는 것을 알 수 있다.

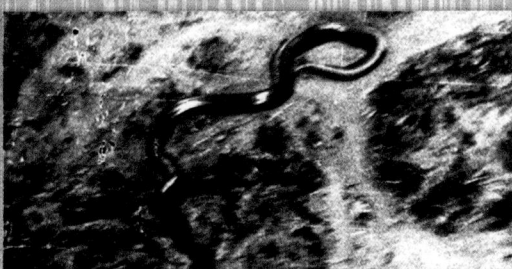

▲1959년에 영국의 공군이었던 레미 폰 라이어드 소령이 콩고 공화국 상공에서 촬영한 12~13m가 넘는 거대한 뱀. 인카냠바는 어쩌면 거대해진 뱀일지도 모른다.

▲인카냠바가 나타난다는 호윅 폭포

제3장 물에 사는 UMA들

50년 전에 원주민 아이들이 호윅 폭포에서 조금 떨어진 다른 폭포에서 놀고 있을 때, 무시무시한 사건이 벌어졌다고 한다. 한 여자아이가 갑자기 비명을 지르더니 물속에 있던 무엇인가에 잡혀 끌려 들어간 것이다. 다른 아이들은 공포에 질린 채 그 모습을 지켜볼 수밖에 없었다. 이 사건 이후, 원주민들은 "그 아이는 분명히 인카냠바의 먹이가 됐을 거야."라고 믿게 되었다고 한다.

1995년, 인카냠바의 모습을 포착한 사진이 공개되었다. 실루엣 정도만 확인할 수 있는 흐릿한 사진이지만 거대한 뱀처럼 생긴 괴물이 머리를 위로 쳐들고 있는 모습은 확인할 수 있다. 하지만 조작된 사진이라고 생각하는 사람들도 많아 인카냠바가 정말로 존재하는지 아닌지는 여전히 알 수가 없다.

UMA FILE: 054

[실존도] ★★★★★

[나라] 감비아 강 유역 [발견] 2003년 [몸길이] 10~15m

닌키 난카
Ninki-Nanka

▲ 인도네시아에서 서식하는 코모도왕도마뱀. 감비아 강에도 코모도왕도마뱀을 닮은 원시적인 형태의 파충류가 살고 있는 것일까?

▶ 감비아 강에서 보트를 전복시킨 닌키 난카의 상상도

보기만 해도 죽는다는 '악마의 용'

서아프리카 감비아 강은 기니의 산악 지대를 원류로 세네갈, 감비아를 관통하여 흐른다. 그곳에서 수생 괴물 '닌키 난카'가 출현한다고 한다. 이 이름은 현지어로 '악마의 용'이라는 뜻이다. 몸길이 10~15m, 3개의 뿔을 가진 머리와 비늘로 뒤덮인 몸이 특징이다.

닌키 난카를 본 사람은 그 자리에서 병에 걸려 죽기 때문에 목격자가 거의 없다고 한다.

2004년에 감비아에서 닌키 난카를 목격했다는 한 남성은 이슬람교의 성직자에게 얻은 신비한 과일을 먹은 덕에 목숨을 구했다고 한다.

닌키 난카를 코모도왕도마뱀과 비슷한 종으로 보는 학자도 있다.

UMA FILE: 055

실존도 ★★☆☆☆

[나라] 아마존 강 유역 [발견] 1993년 [몸무게] 불명

호라데이라

Holadeira

◀1993년 8월, 제러미 웨이드가 촬영한 호라데이라. 등에 반달 모양의 돌기가 여러 개 있는 것으로 보아 확실히 악어는 아니다.

◀물결의 모습과 수면에 몸이 잠겨 있는 모양으로 보아, 최저 4~5m는 되는 거대한 생물이다!

▼아마존 강에서 서식하는 카이만악어의 일종

지옥의 어금니를 가진 수호신

남아메리카 아마존 강 유역에는 몇 개의 호수가 있다. 그중 한 곳에서 사는 것으로 알려진 것이 현지어로 '지옥의 어금니'라는 뜻의 '호라데이라'이다. 하지만 목격담이 극히 적어서 몸길이를 포함한 기본 데이터가 없다. 1993년, 영국의 저널리스트가 호라데이라를 조사하기 위해 아마존 오지를 방문했다. 그리고 보트에서 약 30m쯤 떨어진 곳에 나타난 괴물의 모습을 촬영하는 데 성공했다. 그 덕에 등에 톱니 같은 돌기를 가진 것을 확인할 수 있었다. 원주민들이 호이데이라를 수호신으로 숭상하는 것으로 보아, 괴물의 정체가 아마존 강에 사는 악어의 일종인 카이만악어라고 생각하는 사람도 있다.

실존도 ★★★☆☆

[나라] 캐나다
[발견] 1905년 [몸길이] 9~15m

캐디

Caddy

▲ 캐드보로 만의 바닷속을 헤엄치는 캐디의 상상도

캐드보로 만에 사는 거대한 드래곤

미지에 싸인 거대한 수생 괴물 '캐디'는 캐나다 서부 브리티시컬럼비아 주 밴쿠버 섬 연안에 산다고 한다. 1905년 이래, 약 1세기 동안 목격된 이 UMA는 캐드보로 만에서 가장 많이 출몰했기에 '캐드보로사우루스'라고도 불린다. 몸길이는 9~15m, 머리는 말이나 뱀을 닮았다. 몸이 길며 등에는 혹인지 확실치 않으나 코일 모양의 돌기가 나 있다고 한다. 소리에 민감하며 좋지 않은 낌새를 눈치채면 시속 40km의 속도로 도망친다. 목격담을 종합하면 파충류와 포유류의 특징을 모두 가진 것으로 보인다. 하지만 아쉽게도 목격담은 많지만, 실물을 찍은 사진이 거의 없다. 대신에 사체를 촬영한 사진은 있다. 1937년에 포획한 고래의 위 속에서 캐디로 보이는 미지 동물의 사체가 발견된 것이다.

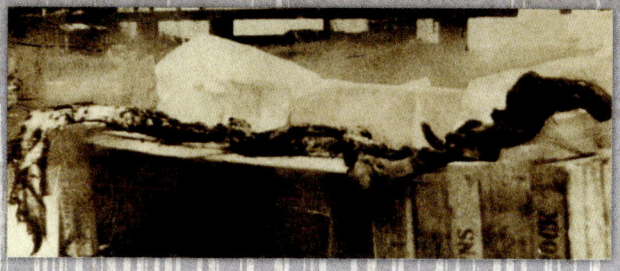

▲1937년 7월, 나덴 항의 포경 기지에서 포획된 고래의 몸속에서 발견된 캐디

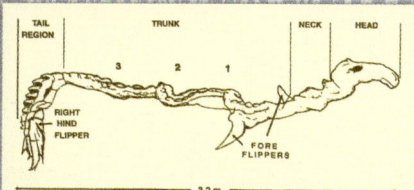

▲위의 사진을 분석한 것. 전체 몸길이는 3.2m다. 몸 가운데에 지느러미가 달렸으며 독특한 모양의 꼬리를 지녔지만, 아직 정체는 밝히지 못했다.

▼1956년 목격된 캐디의 재현 일러스트. 수면에서 3m 정도 목을 내밀고 있었다고 한다.

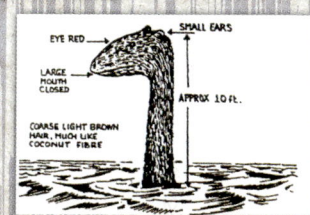

제3장 물에 사는 UMA들

고래를 처리한 어업 관계자들은 미지 동물을 보자마자 입을 모아 이렇게 말했다고 한다.
"지금까지 이런 생물은 본 적이 없어!"
그 후 사체를 어떻게 처리했는지는 알려진 바가 없으며, 오로지 사진 1장만이 남았다. 사진의 분석을 담당한 동물학자 에드 바우스필은 이렇게 말했다.
"몸길이가 3m나 된다고 해도 어린 캐디가 분명하다. 게다가 목의 뒷부분이 코일처럼 생긴 동물은 지금까지 발견된 적이 없다. 그렇다면 이 미지 동물은 신화에 나오는 드래곤일지도 모른다."
캐디의 정체를 두고 4천만 년 전에 멸종한 고래의 선조, 제우그로돈이라고 하는 학자도 있다.

Morgawr

[나라] 영국
[발견] 1975년 [몸길이] 4~18m

모르가우어

▲1976년 2월, 팔머스 만 인근 로제뮤리온 곶에서 익명의 여성이 촬영한 모르가우어

좀처럼 모습을 보이지 않는 수생 괴물

영국 남서부 일대, 특히 콘웰 주 팔머스 만 근처에서 자주 목격된다는 수생 괴수가 바로 '모르가우어'다. '모르가우어'는 현지의 옛 고어로 '시 자이언트(Sea Giant, 바다의 괴물)'를 뜻한다.

모르가우어의 몸길이는 4~18m, 체중은 수 톤에 달하는 것으로 추측된다. 야자열매만 한 크기의 머리와 거친 털이 나 있는 목, 그리고 등에는 혹이 있다. 몸을 위아래로 출렁이며 시속 20km의 속도로 헤엄친다. 성격은 얌전하다고 하지만 너무 가까이 다가가면 위험하다는 말도 있다. 공식적으로 보고된 모르가우어의 최초 목격담은 1975년으로 비교적 최근이다. 하지만 영국에서는 100년 전부터 존재했다는 전설이 전해져 내려오고 있다.

▲1976년 1월, 치과 의사인 던컨 바이너가 목격했다는 모르가우어의 모습

▲▶1976년 11월, 잡지사 편집자인 데이비드 클라크가 촬영한 작은 모르가우어. 오른쪽은 모르가우어를 그린 그림

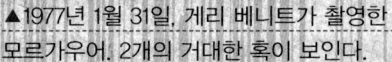

▲1977년 1월 31일, 게리 베니트가 촬영한 모르가우어. 2개의 거대한 혹이 보인다.

제3장 물에 사는 UMA들

1976년에는 팔머스 만에서 헤엄치는 모습을 잡지 편집자인 데이비드 클라크가 촬영했다. 이때 상황에 대해 데이비드는
"저는 모르가우어를 보자마자 촬영을 시작했어요. 제가 본 건 바다표범도, 돌고래도, 상어도, 그렇다고 만들어진 모형도 아니었습니다. 분명히 피가 흐르는 괴상한 생물이었어요."
라고 말했다. 모르가우어의 정체를 거대한 바다뱀으로 보는 학자들도 적지 않지만, 모르가우어를 실제로 봤다는 어부들은 바다뱀은 아니라고 단언한다. 그래서 지금은 네시와 비슷한 수장룡 타입의 생물로 보는 견해가 더 힘을 얻고 있다. 하지만 모르가우어의 목격담이 별로 없는 데다가, 최근 들어서는 모르가우어를 봤다는 사람이 거의 없어서 연구를 진척시키기엔 무리가 있는 상황이다.

UMA FILE: 058

실존도 ★★☆☆☆

[나라] 남아프리카 [발견] 1924년 [몸길이] 15m

트룬코
Trunko

▲ 1924년 10월, 남아프리카 해안에 쓸려 내려온 트룬코의 사체를 그린 그림

▶ 최근에 공개된 트룬코의 실제 모습을 알 수 있는 귀중한 사진. 트룬코는 어쩌면 글로브스터의 일종일지도 모른다.

범고래와 싸우던 코끼리의 코를 가진 괴생물

1924년에 남아프리카 남동부 마게이트 해안에서 놀라운 사건이 발생했다. 두 마리의 향유고래와 기괴한 모습을 한 거대한 생물의 싸움이 벌어진 것이다.

지역 주민들의 넋을 빼앗을 정도로 격렬했던 여러 시간에 걸친 싸움은, 코끼리 코를 가진 생물의 패배로 막을 내렸다. 그리고 이내 바닷가로 사체가 밀려들어 왔다. '코끼리 코'라는 뜻에서 '트룬코'라 불리는 이 생물의 몸길이는 약 15m로, 20cm 정도 되는 새하얀 털이 온몸에 나 있었다.

최근에서야 트룬코의 사체를 촬영한 사진이 세상에 공개되었다. 하지만 트룬코의 정체가 무엇인지는 아직 밝히지 못한 상태다.

UMA FILE: 059

실존도 ★★★★★

[나라] 세계 각지 [발견] 불명 [몸길이] 20~60m

크라켄
Kraken

▲2006년 일본 조사팀이 오가사하라에서 잡은 살아 있는 대왕오징어

◀바다에서 배를 공격하는 크라켄의 상상도

제3장 물에 사는 UMA들

바닷속 악마의 정체는 대왕오징어였나?

예전부터 유럽을 중심으로 '바닷속 악마'로 공포의 대상이 된 '크라켄'은 거대한 다족 생물로, 수많은 촉수로 배와 사람을 바다로 끌어들이는 거대한 문어나 오징어이다.

1930년대 노르웨이 해군 전함이 크라켄에게 공격을 당했다. 하지만 크라켄은 촉수로 군함을 감쌌다가 스크루에 다리가 휘말리는 바람에 상처를 입고 그대로 모습을 감추었다고 한다.

크라켄으로 추측되는 대왕오징어가 배를 공격한 건지는 불확실하지만, 천적인 향유고래와 싸우는 모습이 몇 번씩 목격되었다. 크라켄은 호전적인 성격을 가진 대왕오징어인지도 모르겠다.

UMA FILE: 060

실존도 ★★★

[나라] 세계 각지
[발견] 불명 [몸길이] 20~60m

시 서펜트

Sea Serpent

▶ 1964년 12월 로베르트 셀렉이 호주에서 촬영에 성공한 추정 길이 20m의 시 서펜트

전설이 만들어 낸 거대한 바다뱀

몸길이 20~60m의 거대한 바다 괴물이 '시 서펜트'다. 바다에 사는 미지 동물 중에서는 목격 사례가 가장 많으며 역사도 오래되었다. 시 서펜트는 '바다뱀'이라는 뜻이지만 목격자마다 봤다는 모습이 제각각이라 모든 시 서펜트가 뱀처럼 생긴 건 아닌 것 같다. 하지만 대부분 굉장히 빠른 속도로 헤엄을 치며, 소리에 반응하고 물을 뿜기도 한다.

기원전 4세기에 그리스 철학자인 아리스토텔레스가 '배를 습격한 거대한 바다뱀'에 대한 기록을 남겼다. 1세기에는 로마의 학자인 프리니우스가 저술한『대자연사』에서 시 서펜트로 보이는 괴물이 나타나 어부를 공격했다는 내용이 나온다. 중세부터 현대에 이르기까지 시 서펜트를 목격했다는 사람들은 셀 수 없이 많다.

▲콘래드 게스너가 『동물지』(1558년)에 그린 시 서펜트

▲천 년 전에 그려진 시 서펜트는 말의 머리를 하고 있다.

◀시 서펜트를 봤다는 사람들은 바다뱀이나 해룡과 비슷하다고 말하나, 어느 것이 진짜 시 서펜트의 모습인지는 모른다.

시 서펜트의 모습을 찍은 사진 중에서 가장 유명한 것은 1964년에 프랑스 출신의 카메라맨인 로베르 르 셀렉이 촬영한 것이다. 그는 당시 호주 북동부 퀸즐랜드 주 윗선데이 섬 부근에서 친구와 함께 쾌속정을 타고 있었다. 그때 몸길이 약 20m쯤 되는 괴물이 나타났다.
"거대한 올챙이처럼 생겼어요. 등에 상처가 있었는데, 새하얀 살이 보이더군요."
로베르는 괴물에 대해 이렇게 진술했다. 그가 찍은 사진은 시 서펜트를 찍은 역사상 최초의 컬러 사진이지만, 조작된 사진이라고 보는 사람들도 매우 많다. 바다를 항해하다 보면 눈에 보이지 않는 공포가 반드시 뒤따른다. 이 공포가 괴물의 모습으로 나타난 것인지 아니면 정말 거대한 바다뱀이 있는지 궁금하다.

Ningen

실존도 ★★★★☆

[나라] 남극해 등
[발견] 1958년 [몸길이] 10~20m

닌겐

▲ '바다를 헤엄치는 닌겐'이라는 제목의 출처가 불분명한 1장의 사진. 사진의 진위는 물론 사진과 관련된 모든 것이 베일 속에 가려져 있다.

현세에 되살아난 바다의 요괴

인터넷 세상이 탄생시킨 바다의 새로운 요괴가 있다. 그것이 바로 '닌겐('인간'의 일본어)' 또는 '히토가타('인간의 모습'의 일본어)'라 불리는 생물이다. 몸집이 거대한 인간처럼 생긴 괴물로, 남극이 주요 서식지다. 몸길이는 10~20m로 머리와 몸은 순백색이며 피부는 미끌미끌하다. 이 생물의 존재가 세상에 널리 알려진 계기는 인터넷 투고 사이트 덕이었다. 괴상한 생물을 포착한 사진과 동영상이 하나둘 공개되더니 이내 화제를 불러일으켰다. 하지만 사진과 동영상의 출처는 전혀 알려지지 않았다. 사실 이 닌겐으로 생각되는 괴생명체가 1958년 쇼와 기지 근처 남극해에서 일본 최초의 남극 관측선 소우야의 선원들에게 목격된 적이 있다. 선원 중 한 사람은 그들이 목격한 생물의 모습을 이렇게 진술했다.

▶ 개복치처럼 바다 위를 떠다니는 '닌겐'으로 보이는 출처 불명의 사진. 장소도 촬영 시기도 알 수 없다.

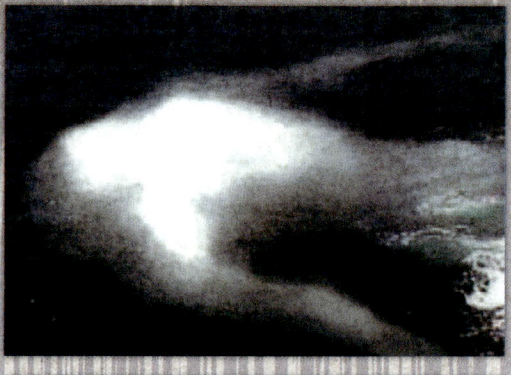

▲ 1971년 4월 28일, 일본 참치잡이 배 콘비라마루가 뉴질랜드 사우스랜드 근처에서 만났다는 괴생명체. 당시는 '카바곤'으로 불렸지만 어쩌면 이때 '닌겐'을 처음으로 목격한 건지도 모른다.

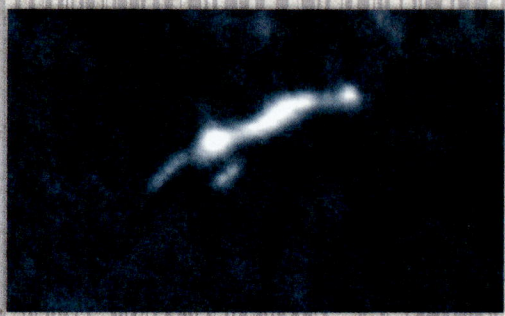

▲ 구글 어스의 위성사진에서 찾은 '닌겐'으로 보이는 생물. 몸길이는 15m이다.

제3장 물에 사는 UMA들

"머리가 동그랗고 눈은 컸으며 뾰족한 귀를 가졌어요. 몸길이는 약 15m 정도로 보였고요."

또한 1971년, 뉴질랜드 남부 섬 리틀랜드 근처에서 미야기 현 소속의 어선 제28 콘비라마루도 닌겐처럼 보이는 생물을 발견했다. 선장을 포함, 26명이나 되는 선원 모두가 약 30m 정도 떨어진 거리에서 목격했다고 한다. 얼굴에는 직경 15cm쯤 되는 거대한 눈동자와 2개의 콧구멍이 있었는데, 2m 정도 머리를 내민 채 헤엄쳤다고 한다. 최근에는 인터넷 지도 서비스 사이트, 구글 어스가 아프리카 남서부 나미비아 근처에서 닌겐처럼 보이는 물체를 포착했다. 지금 세상에도 우미보즈(배 가는 길목에 나타난다는 허깨비)가 실재하는가? 앞으로도 끊임없이 논쟁을 불러일으킬 수생 UMA다.

실존도 ★★★★★
[나라] 세계 각지
[발견] 1960년 [몸길이] 불명

▲2010년 3월, 캐나다 동부에서 발견된 머리가 없는 괴생물의 사체

물렁물렁한 괴생물의 사체

모양이 온전치 않은, 거대한 괴생물의 부패한 사체가 세계 각지의 해변에서 발견되고 있다. 최초의 기록은 1960년. 맹렬한 태풍이 휩쓸고 지나간 뒤에 호주 남동부 태즈메이니아 섬 서해안에서 발견된 사체다. 중심부가 불룩 솟아오른 원형 모양으로 이 사체의 지름은 약 6m, 무게 약 5~10톤으로 추정되었다. 짧은 털로 뒤덮여 있으며, 눈과 입은 없었다. 하지만 사체는 발견되고서도 2년이 지날 때까지 방치되었다가 호주 연방 과학 산업 기구의 블루스 모리슨에 의해 처음으로 조사에 들어갔다. "사체를 살펴본바, 어류도 새도 식물도 아니라는 것을 확인했습니다. 지느러미도, 입도, 이빨도 없습니다. 지금까지 알려지지 않은 미지 생물이 아닐까 생각합니다."

▲ 2003년 6월 칠레 해안에서 발견된 글로브스터. 하지만 훗날 향유고래의 사체로 밝혀졌다고 한다.

▲ 1960년 8월에 호주 연안에서 발견된 글로브스터의 기사

◀ 2010년 7월경, 오키나와 현 야부치 섬의 개펄에서 발견된 글로브스터(촬영 협조=우루마 시립 바다 문화 자료관)

제3장 물에 사는 UMA들

블루스 모리슨은 이렇게 말하며 태즈메이니아 섬 부근에 있는 해저 동굴에서 올라왔을 가능성도 있다고 말했다. 하지만 그의 말만으로는 괴생물의 정체를 파악할 수 없어 궁금증은 더 쌓이기만 했다.

그 뒤로도 세계 각지의 바닷가에 다양한 형태를 지닌 괴생물의 사체가 발견되었다. 미국의 미지 동물 연구가인 아이반 샌더슨은 이 수수께끼 생물을 통칭하여 '글로브스터'라 부르기 시작했다. '그로테스크(grotesque, 괴기스러운)', '블라브(blob, 사체)', '몬스터(monster, 괴물)'의 세 단어를 합쳐 만든 단어다. 2010년, 일본에서도 뼈가 없는 괴생물의 사체가 발견되었다. 학계에서는 이 사체의 정체를 지방층이 분리된 향유고래로 보고 있지만, 현재 생물의 기본 정보를 담은 DNA를 채취해 수수께끼를 풀기 위해 노력 중이라고 한다.

실존도 ★★★☆

[나라] 미국 [발견] 1945년? [키] 불명

카크랫
Qaqrat

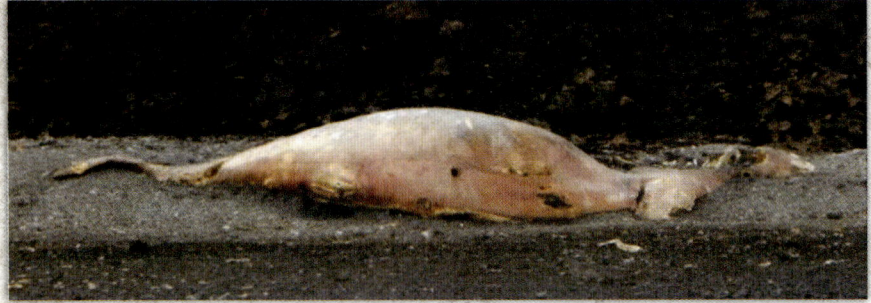

▲2008년 7월, 알래스카 누니박 섬 해안에 떠밀려 온 미지 동물의 사체. 카크랫의 새끼로 보고 있다.

▶1945년 4월 15일, 알래스카 라즈베리 섬 연안에서 어선의 음파 탐지기에 기록된 괴생명체. 살아 있는 카크랫일까?

알래스카 먼바다에 수장룡이?

1945년 4월 미국 북부 알래스카, 라즈베리 섬 근해를 항해하던 어선 마이라크 호가 바다 밑에서 괴생물의 실루엣을 포착했다. 음파 탐지기가 촬영한 단면도에 수장룡처럼 보이는 생물의 실루엣이 기록된 것이다.

당시에는 탐지기의 오작동으로 생각하는 사람도 있었다. 하지만 2008년, 알래스카 누니박 섬에서도 긴 목과 꼬리를 지닌 괴생물의 사체가 발견되었다. 원주민들 사이에서는 오래전부터 바다의 폭군으로 군림했던 괴물 '카크랫'의 전설이 전해진다고 한다. 현지 언어로 '야수계의 해마'라는 뜻이다. 카크랫의 정체는 알래스카 바다에서 살고 있는 수장룡일까?

UMA FILE: 064

실존도 ★★★★☆

[나라] 미국 등 [발견] 1896년 [몸길이] 30m

옥토푸스 기간테우스

Octopus Giganteus

◀미국의 바닷가에서 발견한 거대한 문어. 그 옆에 서 있는 사람이 베릴 박사다.

제3장 물에 사는 UMA들

바닷가에 떠밀려 온 초대형 문어

1896년 한 거대 생물의 사체가 미국 남부 플로리다 주 세인트오거스틴 해안에 떠밀려 왔다.

문어를 조사한 예일 대학의 애디슨 베릴 박사는 이 미지의 문어에게 '옥토푸스 기간테우스'라는 학명을 붙였다.

1971년에는 옥토푸스 기간테우스의 표본을 다시 확인하여 문어임을 재확인했다. 전설에 따르면 대서양 카리브 해에 있는 해저 동굴에는 초대형 문어가 산다고 한다.

긴 촉수를 이용하여 선박을 통째로 바닷속으로 끌고 들어가는 난폭한 생물로, 어부들에게는 공포의 존재였다. 아직도 해저 동굴에는 몸집이 거대해진 문어들이 살고 있을까?

실존도 ★★★★★

[나라] 뉴질랜드 먼바다
[발견] 1977년 [몸길이] 10m

뉴 네시

New Nessie

▶1977년에 즈이요우마루가 인양한 수수께끼 괴생물의 사체

네시와 비슷한 수장룡일까?

뉴질랜드 먼바다에서 조업 중이던 일본의 원양 트롤선 즈이요우마루가 몸길이 약 10m나 되는 괴생물의 사체를 인양한 건 1977년이었다. 죽은 지 1개월은 넘은 것으로 보이며 대부분 부패한 상태였다. 무게는 약 1.6톤, 몸길이 10m, 목길이 1.5m. 거대한 머리와 긴 목, 수십 개의 턱이 달린 2쌍의 지느러미. 네시와 모습이 비슷하여 훗날 '뉴 네시'로 불리게 되었다. 선원들은 사체를 건진 뒤 수십 장의 사진을 촬영했지만 썩은 냄새 때문에 다시 바다로 버렸다고 한다.

즈이요우마루의 선원들은 이 괴생물에 대해 "지금까지 한 번도 본 적이 없는 괴물이었어요. 게다가 지독히 풍기던 썩은 내는 그 어떤 물고기의 냄새와 달랐죠."라고 말했다. 그 뒤 일본에서 사체에서 채취한 터럭의

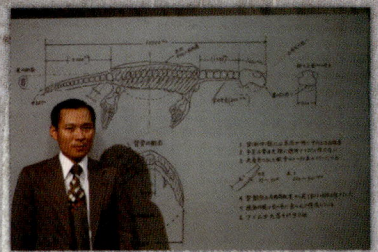
▲뉴 네시의 사진을 촬영한 선원 야노미치 히코시

▲배 갑판에 놓인 뉴 네시

▲괴생명체를 돌묵상어로 보는 의견이 가장 유력하다. 몸집은 거의 비슷하다.

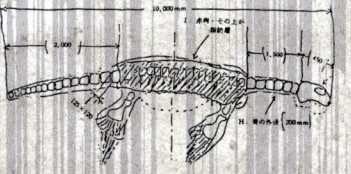
▲뉴 네시가 수장룡이라는 가정 하에 골격을 재현하여 그린 스케치

제3장 물에 사는 UMA들

화학 성분을 분석한 결과, 조직 속에 포함된 아미노산의 타이로신 함량이 상어류와 거의 비슷하다는 결과가 나왔다. 그 때문에 발견된 괴생명체를 약한 조직이 떨어져 나간 돌묵상어로 보는 견해가 가장 유력하다. 하지만 실제로 상어와 비슷한 조직을 가진 미지 동물이 존재할 가능성도 있다. 게다가 돌묵상어에는 터럭 같은 것이 없다. 당시 요코하마 국립 대학의 고생물학자였던 시카마 도키오 교수는 이렇게 말했다.

"사진과 골격 스케치를 보면 중생대(2억5천만 년~6천6백만 년 전)에 살았던 수장룡의 일종이 아닐까 생각한다."

드넓은 바다 어딘가에 오래전 지구에서 사라져 버린 줄만 알았던 수장룡이 살고 있는 것은 아닐까?

[칼럼] 과연 그렇구나! 미지 동물학 ❸
수생 UMA의 정체는 무엇인가!

호수의 주인은 실제로 존재하나?

일본에서는 오래전부터 호수와 연못 등의 물가에 '주인'이 살고 있다는 전설이 있다. 모습을 거의 드러내지 않지만 '연못에 들어와서는 안 된다.'는 경고를 무시하면 주인의 화를 사 재앙을 불러온다는 이야기다. 주인은 강한 영능력을 지닌 요괴로 신으로 떠받들어지기도 한다.

물론 이것은 전설에 지나지 않지만, 오래된 호수에서는 가끔씩 거대한 생물이 튀어나와 사람들을 놀라게 하는 경우가 있다. 정말 요괴가 존재하는 건지, 아니면 오랜 기간 살아온 물고기가 거대해진 것인지는 알 수 없다.

이 책에 실은 미지 동물 중에서도 이런 경우에 속하는 것이 있을 것이다.

하지만 단순히 잘못 본 경우도 많다. 호수에 바람에 불면 물결이 출렁이는데, 이때 수면 위를 떠다니던 나뭇가지가 마치 가늘고 긴 생물의 등처럼 보이는 경우가 있다. 족제비 같은 동물은 사진을 찍는 각도에 따라 괴물처럼 보이기도 한다. 수중 UMA를 발견하려면 먼저 파도와 물 위를 떠다니는 나뭇가지와는 다른, 살아 있는 생명체의 특징이

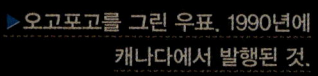
▶ 오고포고를 그린 우표. 1990년에 캐나다에서 발행된 것.

◀ 네시 등의 정체로 언급되는 수장룡

있는지 확인해야 한다. 그리고 쉽게 볼 수 있는 족제비나 뱀 같은 동물과 명확히 다른 특징이 있는지도 파악해야 한다. 이런 점에 주의해야 하는 게 바로 포인트다.

레이크 몬스터는 수장룡일까?

물에 숨어 사는 UMA에는 대표적으로 두 종류가 있다. 호수와 연못 등의 담수에 사는 '레이크 몬스터(호수의 괴물)'와 드넓은 바다에서 가끔씩 목격되는 '시 서펜트(거대한 바다뱀)'이다. 레이크 몬스터는 네시를 비롯한 호수에 서식하는 수장룡 타입의 생물을 한꺼번에 일컫는 말이다. 수장룡은 공룡과 같은 시대에 지구에 나타나 바다에 적응한 파충류로 다양한 종류가 있다. 예를 들어 중생대 쥐라기 후기의 플레시오사우루스, 백악기 후기의 에라스모사우르스 등이 있으며, 일본 후쿠시마 현에서는 플레시오사우루스에 속하는 후타바사우루스 스즈키의 화석이 발견되었다. 이런 수장룡과 고대 파충류 등이 담수에 적응하면서 지금까지 살아남아, 모습을 드러낸 것이라고 보는 견해가 대세다.

인간이 모르는 세계가 바다 밑에 있다?

시 서펜트는 '바다뱀'을 뜻하지만, 명확히 어떤 모습이라고 규정된 것은 없다. 어떤 때는 거대한 문어의 발, 어떤 때는 용, 또 어떤 때는 무태장어 등의 모습으로 묘사되는 등 목격한 사람에 따라 모습은 각양각색이지만, 이들을 모두 묶어서 '시 서펜트'로 부른다. 이것의 정체에 대해 수장룡 외에도 바다에 적응한 공룡 시대의 파충류(모사사우루스와 크로노사우루스), 그리고 약 4천만 년 전에 지구에 나타났던 고래의 선조 제우그로돈(바실로사우루스) 등이 후보로 언급되고 있다. 또한 시 서펜트는 아주 오래전부터 목격담이 존재한 대표적인 UMA다. 바다에 대한 공포가 사람의 마음속에서 괴물이라는 형태로 나타난 것이라 생각하는 사람도 있으며, 인류에게 마지막 신천지가 될, 지구의 70%를 차지하는 바다야말로 미지 동물이 살아가기에 최적의 장소라고 믿는 사람도 있다.

◀약 1억 년 전에 바다를 지배한 해양 파충류, 크로노사우루스

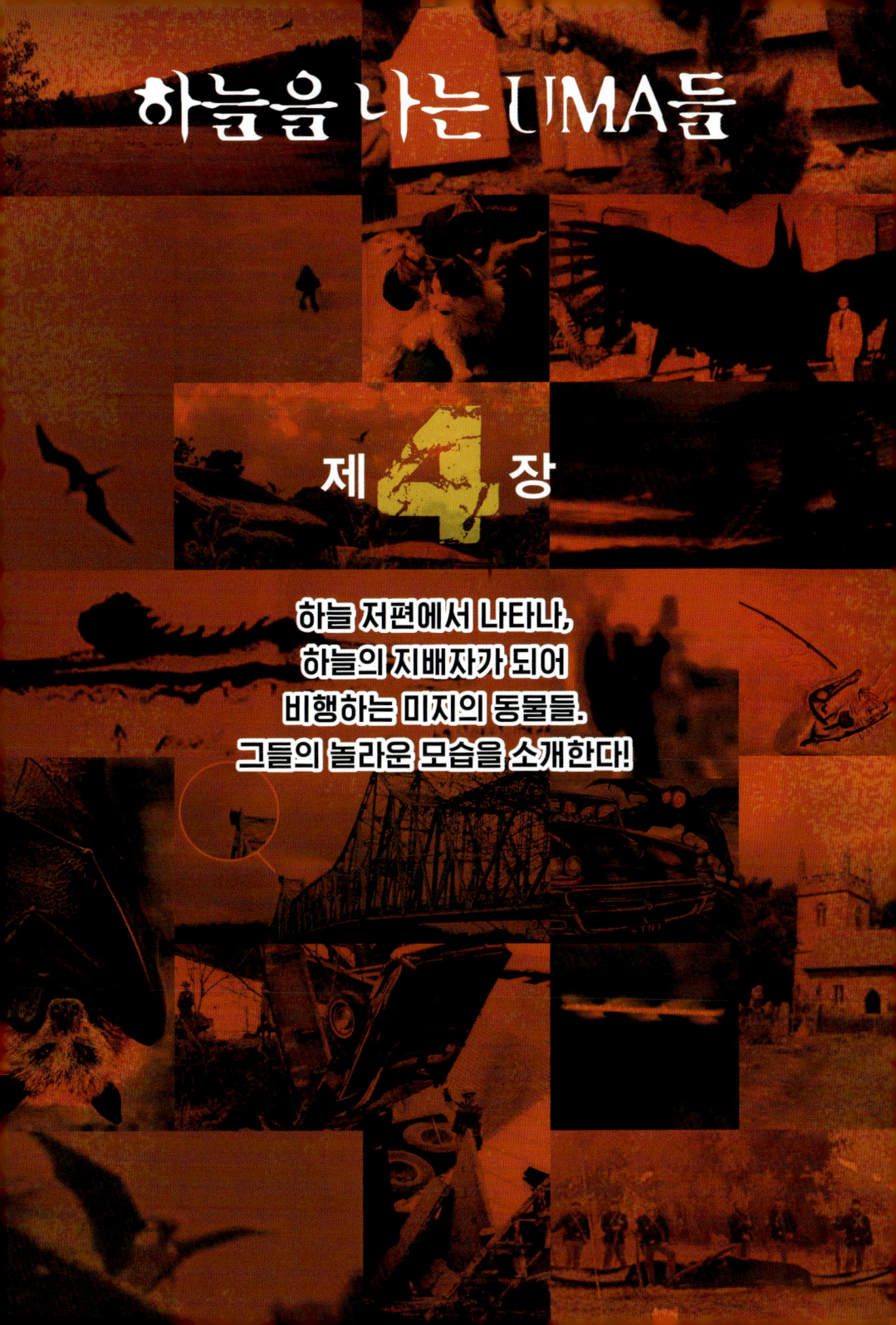

하늘을 나는 UMA들

제4장

하늘 저편에서 나타나,
하늘의 지배자가 되어
비행하는 미지의 동물들.
그들의 놀라운 모습을 소개한다!

Big Bird

실존도 ★★★★☆

[나라] 미국 [발견] 1860년대
[몸길이] 3~4m

빅 버드

▲ 1860년대, 애리조나 주에서 발견된 '거대한 새'의 사진. 진짜가 아닌 모형일 가능성도 있지만, 만약 진짜라면 날개를 편 길이가 10m가 넘는 거대한 익룡, 그 자체였으리라.

소년을 납치한 익룡

1977년, 미국 중부 일리노이 주 론델에서 소름이 끼치는 사건이 발생했다. 당시 10살이던 소년이 몸길이 3m쯤 되는 거대한 새에게 납치될 뻔한 것이다. 새는 자신의 집 정원에서 놀던 소년을 공격한 뒤, 옷을 낚아채 지상에서 60cm 높이까지 끌어 올렸다. 소년의 체중이 30kg 정도였음에도 새는 조금도 주저하지 않았다. 소년은 격렬히 저항했다.
"이 자식, 뭐하는 거야! 이거 놔!"
그러자 거대한 새는 소년을 떨어뜨리고는 멀리 날아가 버렸다고 한다. 현재 알려진 새 중에서 30kg이 넘는 물체를 들어 올릴 수 있는 건 없다. 미지 동물인 '빅 버드'가 존재를 드러낸 순간이었던 셈이다.
2003년에는 빅 버드를 사진으로 찍는 데 성공했다.

▲ 2007년, 뉴욕에 나타나 "기이익~!" 하고 울던 미지의 거대 괴조. 하지만 사진 이외의 정보는 알려진 게 없다.

▲ 아르헨티나에서 발굴한 아르겐타비스의 표본. 빅 버드의 실체일까?

▲ 2008년 9월, 몬태나 주에서 촬영한 빅 버드

▲ 2003년, 뉴햄프셔 주를 달리던 열차 안에서 우연히 찍은 빅 버드

제4장 하늘을 나는 UMA들

북동부에 있는 뉴햄프셔 주 프리머스 근처를 달리던 열차 안에서 사슴 떼의 사진을 찍던 사람이 우연히 빅 버드를 카메라에 담기도 했다. 2007년 이후로 미국에서는 빅 버드를 봤다는 사람들이 점차 늘어났다. 텍사스 주와 애리조나 주에서도 빅 버드는 목격되었다. 사실 미국 원주민들에게는 벼락과 번개를 일으키는 거대한 새, '선더 버드'의 전설이 전해져 내려오는데 유적지에 남아 있는 암벽화에서도 그 증거를 찾을 수 있다. 암벽화에 그려진 새의 모습은 익룡의 모습 그대로이다. 암벽화 중에는 론델 사건처럼 사람을 낚아채 날고 있는 모습을 그린 것도 있다. 원주민들의 전설과 목격자들이 본 것이 모두 사실이라면, 빅 버드는 중생대 백악기 후기(약 8천만 년 전)에 멸종한 프테라노돈이나 6백만 년 전, 하늘을 지배했던 거대 맹금류, 아르겐타비스일지도 모른다.

UMA FILE: 067

실존도 ★★☆☆☆

[나라] 파푸아뉴기니 [발견] 1944년 [날개를 편 길이] 6~9m

로펜
Ropen

▲2009년에 촬영한 로펜처럼 보이는 거대한 생물. 하지만 사진을 찍은 건 로펜이 활동하는 밤이 아니었다. 어쩌면 바닷새를 착각했을지도 모른다는 의견도 있다.

▲로펜을 목격한 드웨인 호치킨슨

▶조나단 베컴이 운보이 섬의 주민들을 인터뷰한 내용을 바탕으로 그린 로펜. 로펜은 람포링쿠스와 비슷한 종류일지도 모른다.

어둠 속에서 빛나는 미지의 익룡

파푸아뉴기니의 운보이 섬에서 오래전 멸종한 것으로 알려진 익룡, 람포링쿠스와 비슷하게 생긴 괴생물이 제2차 세계 대전이던 1944년, 미국 병사였던 드웨인 호치킨슨에 의해 목격되었다. 죽은 고기를 즐기던 이 괴물의 이름은 현지어로 '하늘을 나는 악마'라는 뜻의 '로펜'. 몸에는 털이 없으며 양 날개의 중앙에 3개의 발가락이 있다. 부리는 좁으나 이빨은 날카롭다. 야행성으로, 어둠 속에서 빛을 내는 모습을 목격한 사람들도 있다.

2004년에는 저널리스트인 조나단 베컴이 '로펜'과 비슷한 괴물을 목격했다. 그러나 유감스럽게도 지금까지는 로펜을 가까이에서 촬영한 자료도, 로펜의 존재를 입증할 만한 객관적인 증거도 없는 상황이다.

UMA FILE: 068

실존도 ★☆☆☆☆

[나라] 세네갈 [발견] 1995년 [몸길이] 1.2m

지나포이로
Guiafairo

▶지나포이로의 상상도

▼목격자가 그린 그림. 마치 하늘을 나는 인간처럼 보인다.

▶UMA가 아니라고 보는 사람들은 지나포이로의 정체가 큰박쥐라고 생각한다.

제4장 하늘을 나는 UMA들

목격자를 죽음으로 이끄는 요괴

'지나포이로'는 세네갈 남부에 사는 불길한 UMA다. 몸길이는 약 1.2m 정도지만, 때로는 집채만 한 몸집을 한 것도 나타난다고 한다. 악취를 풍기며 하늘을 날고, 어떤 건물이라도 잠입하여 휘젓고 다니다가 자유자재로 모습을 감춘다. 게다가 이 괴물의 붉은 눈을 보면 바로 호흡 곤란을 일으킨다고 한다. 1995년, 지나포이로와 마주친 한 남성은 그 자리에서 의식을 잃고 쓰러졌다. 그 뒤 병원에서 검사를 받았는데 방사선에 피폭된 것과 같은 신체 상태를 보였다고 한다.
지나포이로는 사실 큰박쥐를 잘못 본 것이 아니냐는 의견이 대세다. 하지만 큰박쥐에게는 목격자의 신체 리듬을 조절할 만한 기이한 능력이 없다.

실존도 ★★☆☆☆

[나라] 카메룬, 케냐 등 [발견] 1932년 [날개를 편 길이] 1.5~2.5m

콩가마토
Kongamato

▲공룡 시대 쥐라기 후기에 살았던 람포링쿠스의 화석

◀습지에서 지역 주민을 공격한 콩가마토. 덩치는 작지만 날카로운 부리를 지닌 위험한 생물이다.

아프리카에 사는 흉포한 익룡

1932년 미국의 생물학자인 아이반 샌더슨은 아프리카 중부 카메룬 산지 협곡에서 2마리의 대형 익룡에게 공격을 당했다.
그는 가까스로 총을 쏴 위기에서 벗어났는데, 한 마리는 계곡 아래 흐르는 강으로 떨어졌고, 다른 한 마리는 도망쳤다고 한다.
사람을 무서워하지 않은 이 흉포한 익룡이 바로 '콩가마토'다.
주로 습지에서 목격되며 현지어로 '돛단배를 파괴하는 것'이라는 뜻이다. 날개를 모두 폈을 때의 폭은 1.5~2.5m, 박쥐를 닮은 날개와 날카로운 이빨을 지녔다. 콩가마토는 쥐라기 때 멸종한 것으로 알려진 하늘을 나는 익룡, 람포링쿠스가 현재까지 살아남은 것으로 보고 있다.

실존도 ★☆☆☆☆

[나라] 세계 각지 [발견] 1994년 [몸길이] 수cm~30m

스카이 피시

Skyfish

▲▶ 1994년에 스왈로우 동굴에서 촬영에 성공한 스카이 피시

◀ 스카이 피시는 고대 아노말로카리스가 진화하여 하늘에 적응한 것이라 생각하는 사람도 있다.

MEMO
곤충과 새 등을 어두운 곳에서 촬영하면 날개의 움직임이 연결되어 보일 때가 있다. 이것을 '모션 블러(motion blur)'라고 한다.

제4장 하늘을 나는 UMA들

눈으로는 확인할 수 없는 엄청난 속도의 괴생물

1994년 멕시코 남부에 있는 세계 최대의 수직 동굴, 스왈로우 동굴에서 호세 에스카밀라가 찍은 막대기 모양의 하늘을 나는 생물이 '스카이 피시'다. 이후로 세계 각지에서 스카이 피시로 보이는 괴생물의 사진이 찍히고 있다. 굉장히 빠른 속도로 이동하기에 눈으로 목격하는 건 불가능하다. 따라서 어쩌다가 카메라에 잡힌 경우가 허다하다. 스카이 피시의 정체를 5억 년 전인 고생대 캄브리아기에 지구에 나타났던 원시 물고기 아노말로카리스라고 생각하는 사람들이 있다. 하지만 대다수 사람들이 비디오카메라에 잔상(모션 블러)이 찍힌 것이라고 보고 있다. 하지만 모든 스카이 피시의 사진이나 영상이 모션 블러의 특징을 보이는 건 아니라고 한다.

Mothman

실존도 ★★★☆☆

[나라] 미국
[발견] 1966년 [몸길이] 2m

모스 맨

저주를 부르는 악마의 하수인

머리는 없으나 양어깨 사이로 번뜩이는 2개의 붉은 눈과 펼치면 3m는 족히 되는 거대한 날개를 가진 괴물이 있다. 미국 동부 웨스트버지니아 주의 포인트 플레전트라는 작은 마을을 공포의 도가니로 몰아넣은 기괴한 미지 동물이기도 하다. 처음 출현한 것은 1966년. 최초로 괴물을 목격한 이는 당시 차를 몰고 이동 중이던 4명의 남녀(스카베리 부부와 마레트 부부)였다. 이들은 하늘을 날며 "끼이~. 끼이~." 울던 괴물에게 한동안 쫓겼다고 한다. 이 사건은 전 세계로 보도되었고 괴물은 특유의 괴상한 모습 때문에 '모스 맨(Moth man, 모기 인간)'으로 불리게 되었다.
이 사건을 계기로 마을 곳곳에서 모스 맨을 봤다는 목격자가 줄을 이었다. 게다가 이상한 건 모스 맨이 나타나기 전이나 후에 UFO를 봤다는

▲ 1967년에 붕괴한 실버 브리지. 다리가 무너진 이유가 모스 맨과 UFO 때문이라는 의견이 많다.

◀ 스카베리 부부를 습격한 모스 맨을 그린 그림. 괴물은 시속 160km의 속도로 쫓아왔다고 한다.

▼ 2003년 11월 오하이오 주에 있는 다리에서 모스 맨 비슷한 실루엣이 사진에 찍혔다. 모스 맨은 아직도 지구에 있는 것일까?

제4장 하늘을 나는 UMA들

사람들도 많았다는 점이다. 그러던 어느 날, 대참사가 발생했다. 1967년 12월 15일, 마을을 흐르는 강 위에 세워진 실버 브리지가 무너져 46명이나 되는 사람들이 사망한 것이다. 그런데 그날 밤, 다리 부근에 살던 주민들은 12대의 UFO를 목격했다고 한다. 물론 UFO가 사고와 관련이 있는지는 알 수 없다. 하지만 이 사건이 발생한 뒤로 포인트 플레전트 주위에서는 두 번 다시 모스 맨을 볼 수 없었다고 한다.

2002년에는 모스 맨을 소재로 제작한 영화, '모스 맨'이 개봉했다. 하지만 이상하게도 이 영화와 관계된 많은 사람이 의문의 죽음을 맞이했다. 그래서 '모스 맨은 저주를 부른다.'고 생각하는 사람도 많다.

불길한 기운의 모스 맨. 모스 맨의 정체는 알 수 없지만, UFO의 출현과 관계가 있는 것을 보면 외계인이 데리고 온 미지 동물일지도 모르겠다.

UMA FILE: 072 플라잉 휴머노이드
Flying Humanoid

실존도 ★★★★☆

[나라] 멕시코, 미국 등 [발견] 1999년 [몸길이] 1~2m

◀ 2003년 3월, 살바토레 게레로가 멕시코에서 촬영한 플라잉 휴머노이드

▶ 2000년 3월, 멕시코에서 아마드 마르케스가 촬영한 플라잉 휴머노이드. 2000년에 목격된 사례가 많았다. 어떻게 나는 건지는 아직 알 수가 없다.

인간처럼 생긴 비행 생물

1999년, 멕시코의 수도 멕시코시티 근방에 있는 고대 유적지에서 인간의 모습으로 하늘을 나는 괴생명체가 목격되었다.

날개도, 낙하산도 없었다. 훗날 '플라잉 휴머노이드(하늘을 나는 인간)'로 불린 이 생물의 키는 1~2m 정도로 추정된다.

하늘을 자유자재로 날았던 괴생명체는 멕시코를 중심으로 세계 각지에서 목격됐다고 한다.

플라잉 휴머노이드의 정체로 하늘을 날 수 있는 초능력자, 비밀 유전자 조작 실험으로 하늘을 날 수 있게 된 인간, 혹은 지구를 찾은 외계인 등 다양하게 언급되고 있지만, 모두 가정에 지나지 않는다.

UMA FILE: 073

실존도 ★☆☆☆☆

[나라] 필리핀 [발견] 16세기 [몸길이] 1.5~1.8m

아스왕
Aswang

◀2006년 5월에 팔라완 섬에서 촬영된 미지의 비행 생물

◀▲아스왕은 박쥐와 비슷한 날개와 인간처럼 보이는 몸을 지녔다.

제4장 하늘을 나는 UMA들

낮에는 미녀, 밤에는 흡혈귀

필리핀 남서부 팔라완 섬의 밀림에는 '아스왕'이라 불리는 미녀 흡혈귀가 출몰한다. 16세기부터 사람들에게 목격된 전설적인 요괴로, 그동안 원주민들을 공포에 몰아넣은 장본인이기도 하다. 아스왕은 보름달이 뜨는 밤에 나타나 남자만을 습격한다고 한다. 하지만 낮에는 절세미인의 모습으로 사람들에게 접근해 환심을 샀다가 밤이 되면 개의 머리와 도마뱀의 몸, 박쥐의 날개를 지닌 괴물로 변신한다. 날카로운 발톱으로 인간을 덮친 뒤, 피를 빨아먹는다!
2006년, 주택 지붕에 설치된 카메라가 아스왕처럼 보이는 거대한 생물을 촬영했다. 하지만 정말 아스왕이었는지는 알 수 없다.

UMA FILE: 074

실존도 ★★★★★

[나라] 세계 각지 [발견] 1899년 [몸길이] 다양함

날개 달린 고양이
Winged Cat

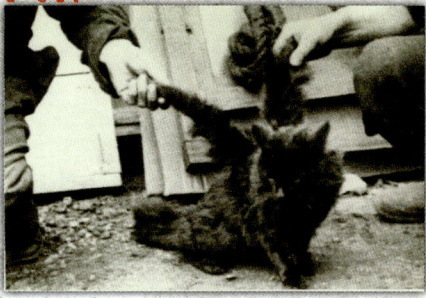

▲1975년, 영국 맨체스터 공원에서 발견된 검은색의 날개 달린 고양이. 고양이에게는 하늘을 나는 유전자나 본능이 있는 것일까?

◀2009년 중국 쓰촨 성에서 발견된 날개 달린 고양이

하늘을 나는 고양이

영국을 포함한 세계 각지에 '날개 달린 고양이'가 실제로 존재한다. 말 그대로 날개가 돋은 고양이가 세상에 있다. 가장 오래된 기록은 1899년에 영국 남서부 서머싯 주에서 발견된 것이며, 가장 최근 기록으로는 2009년에 중국 서남부 쓰촨 성에서 발견된 것이다. 지금까지 140건이나 되는 목격담이 있었다.

이 날개 달린 고양이는 평소에는 하늘을 날지 않는다. 하지만 1966년 캐나다 중부 온타리오 주에 나타난 날개 달린 고양이는 땅 위를 달리더니 날개를 펼치고 공중으로 날아올랐다고 한다.

날개의 정체에 대해서는 털 뭉치설, 피부병설 등 다양한 의견이 나오고 있지만, 그 어느 것도 확실하지가 않다.

아울 맨
Owlman

실존도 ★★☆☆☆

[나라] 영국　[발견] 1976년　[몸길이] 1.5~1.8m

▲1976년 7월, 당시 14살이었던 샐리 채프먼이 목격한 아울 맨의 일러스트. 발가락이 갈고리 형태이며 나무에 앉아 있을 때 딱딱 소리를 낸다.

▲1976년 4월, 멜링 자매가 목격한 아울 맨

▲아울 맨이 종종 나타난다는 모우맨에 있는 교회

제4장 하늘을 나는 UMA들

소녀들만 목격했다는 괴생물

영국 남서부 콘월 주 모우맨에서는 1976년에서 1978년에 걸쳐 괴상한 모습의 미지 동물이 종종 목격되었다.

어느 날, 길을 걷던 멜링 자매가 무심코 교회 위를 올려다보았는데, 날개를 가진 기괴한 생물이 하늘을 날고 있었다고 한다.

그 뒤 다른 10대 소녀들도 비슷한 괴생명체를 봤다는 소식이 들려왔다. 괴생명체는 외모에서 이름을 따 '아울 맨(부엉이 남자)'으로 불리게 되었다. 귀가 뽀족했다는 점으로 볼 때 거대한 수리부엉이를 착각했다는 설과 부엉이처럼 생긴 외계인이라는 설 등이 난무했지만, 유감스럽게도 1978년 이후로는 목격담이 나오지 않았다.

[칼럼] 과연 그렇구나! **미지 동물학 ❹**

멸종 동물이 살아 있었다?

공포의 론델 사건

하늘을 나는 UMA 중에서 가장 충격적이었던 사건은 '빅 버드'에서 소개한 론델 사건일 것이다. 이 사건에 대해 보다 상세히 소개하겠다. 1977년 7월 26일, 미국 일리노이 주의 론델이라는 마을에 사는 10살 소년, 마론 로우는 두 명의 친구와 함께 자신의 집 정원에서 놀고 있었다.

펄럭, 펄럭, 펄럭!

갑자기 이상한 날갯짓하는 소리가 들리더니 머리 위에서 날개를 펼친 거대한 새 한 마리가 내려왔다. 새는 아이들을 노리고 날카로운 발톱을 휘두르며 빠른 속도로 다가왔다. 한 아이는 소리 지르며 도망쳤지만 마론은 공포에 질린 나머지 그 자리에서 꼼짝달싹하지 못했다. 그러자 새는 마론의 옷을 낚아채 하늘로 끌고 올라가기 시작했다. 마론의 비명소리를 들은 그의 엄마, 루스 부인은 "아들을 놔!"라며 절규했다. 그러자 새는 필사적으로 저항하던 마론을 떨어뜨리더니 그대로 멀리 날아가 버렸다고 한다.

새의 정체로 먼저 생각할 수

▶ 미지의 거대한 새에게 잡혀갈 뻔한 마론 로우

◁론델 사건을 재현한 그림

있는 건 거대한 콘도르지만, 콘도르의 무게는 대략 10kg 내외로 20~30kg인 마론을 들고 날아갈 수가 없다. 그래서 미지 동물학자들은 이 새를 1만 년 전에 멸종한 '테라토르니스'로 보고 있다. 날개를 펴면 그 폭만 5m에 달하는 이 거대한 새가 드넓은 미국 대륙에서 멸종하지 않고 살아남았다가, 인간의 아이를 먹잇감인 작은 동물로 착각하고 공격했다는 것이다.

태즈메이니아주머니늑대는 정말 멸종했을까?

미지 동물학은 그 명칭대로 '아직 발견되지 않은 동물'을 찾아 연구하는 것이다. 연구의 대상이 되는 건 기묘한 동물뿐만 아니라 이미 멸종했다고 알려진 동물도 포함된다. 공룡과 익룡만큼 오래되진 않았지만 수백~수십 년 전에 인간에 의한 수렵과 환경 파괴로 멸종한 동물이 상당히 많다. 하지만 이렇게 사라진 줄만 알았던 동물 중 일부가 목격되는 경우도 있다고 한다. 예를 들어 멸종한 것으로 알려진 태즈메이니아주머니늑대라는 이름을 들어 본 적이 있는가?

호주 대륙(특히 태즈메이니아 섬)에 서식하는 캥거루와 비슷한 동물로, 늑대와 닮았다고 하여 '태즈메이니아타이거'로도 불렸다. 태즈메이니아주머니늑대는 아주 오래전부터 호주에만 서식하던 동물이었지만, 약 3만 년 전 인간이 호주 대륙으로 이주하기 시작하면서 비극이 일어났다. 인간이 가축으로 길렀던 '딩고'라는 야생 개가 태즈메이니아주머니늑대들의 먹잇감을 빼앗기 시작한 것이다. 태즈메이니아주머니늑대는 그나마 천적이 없었던 태즈메이니아 섬에서 가까스로 살아남았지만, 유감스럽게도 1936년에 모두 멸종해 버리고 말았다. 그러나 이상하게도 그 뒤로 '태즈메이니아주머니늑대'를 봤다는 사람들이 나왔다. 예를 들어 2010년 11월, 호주 리치몬드 교외에서 초원을 조사하던 머레이 맥칼리스터는 태즈메이니아주머니늑대처럼 생긴 동물을 목격하고는 사진을 찍었다. 물론 잘못 봤을 가능성도 있지만, 만약 태즈메이니아주머니늑대가 살아 있는 것이라면 하루라도 빨리 개체 수를 파악하고 보호해야 할 것이다.

▶ (위)멸종한 태즈메이니아주머니늑대.
(아래) 2010년에 찍힌 태즈메이니아주머니늑대로 보이는 미지 동물

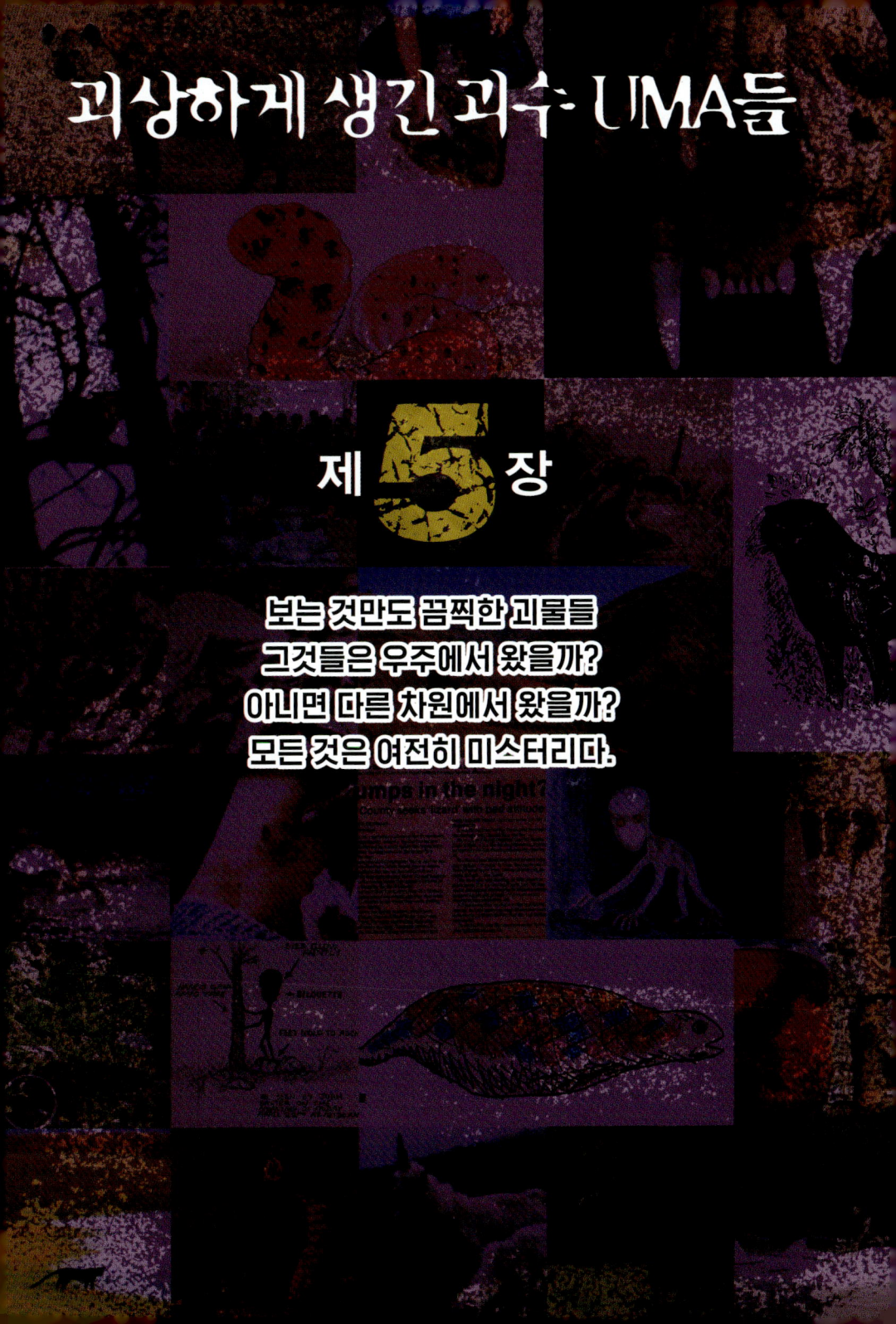

괴상하게 생긴 괴수·UMA들

제 5 장

보는 것만도 끔찍한 괴물들
그것들은 우주에서 왔을까?
아니면 다른 차원에서 왔을까?
모든 것은 여전히 미스터리다.

UMA FILE: 076

실존도 ★★★★☆

[나라] 푸에르토리코 외
[발견] 1995년 [몸길이] 90cm

추파카브라

Chupacabra

가축을 대량으로 학살한 공포의 흡혈 괴물

북으로는 미국, 남으로는 브라질 등 북미와 남미 대륙을 중심으로 목격되고 있는 괴물이 바로 '추파카브라'다. '추파카브라'는 '염소의 피를 빠는 것'이라는 뜻이지만, 염소뿐만 아니라 소, 양, 닭 등의 가축은 물론 개와 고양이 등의 반려동물도 닥치지 않고 습격하여 피와 체액을 빨아먹는다.

이 무시무시한 괴물이 처음 등장한 것은 1995년. 카리브 해에 있는 미국의 자치령 푸에르토리코의 어느 농장에 있던 8마리의 염소를 살해하면서 세상에 처음 알려졌다. 처음에는 야생 동물의 소행으로 생각했지만, 상당히 기괴한 살해 방식으로 보아 야생 동물의 짓은 아니었다. 죽은 염소의 몸에는 피가 단 한 방울도 남아 있지 않았다.

▲ 푸에르토리코의 경찰인 에리젤 디아스의 증언에 따르면 추파카브라는 뾰족한 혀로 피를 빨아먹는다고 한다.

◀ 인터넷에 공개된 추파카브라의 사진. 하지만 사진에 대한 정보가 명확하지 않아 가짜 사진이라고 믿는 사람도 상당수다.

▲ 푸에르토리코에서 목격했다는 사람들의 말을 기반해 그린 추파카브라의 그림. 지구에 존재하는 그 어떤 생물과도 다른 모습이다.

제5장 괴상하게 생긴 괴수 UMA들

같은 해 푸에르토리코의 도시, 산후안 근처에 있는 마을에서 한 여성이 괴물과 마주친 것이 최초의 목격담이다. 그 후로도 마을에서는 피가 빨린 가축의 사체가 종종 발견되었다. 추파카브라에게 희생된 것으로 보이는 가축들을 검시한 수의사 칼리오스 소트는 이렇게 말했다.
"사체의 목과 아래턱에 1cm 크기의 구멍이 발견됐으며, 그 외에는 몸에 어떤 상처도 없었습니다. 육식 동물은 이렇게 구멍을 내지 않습니다. 무언가 끝이 뾰족하면서도 부드러운 가구로 뚫은 것이 분명합니다."
그 후, 추파카브라로 추정되는 괴물에게 입은 피해와 괴물을 봤다는 목격담이 푸에르토리코뿐만 아니라 미 대륙 곳곳에서 나오기 시작했다. 2011년에는 멕시코 중부 푸에블라 주와 과나후아토 주에 있는 여러 농가에서 50일 동안 300마리도 넘는 염소가 죽임을 당하는 사건이

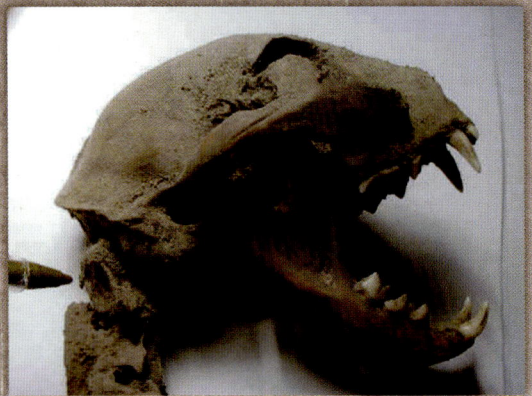

◀ 2003년 11월, 칠레의 콘셉시온에서 발견된 괴생물의 뼈. 날카로운 이빨을 가진 추파카브라로 추측하고 있다.

◀ 멕시코 할리스코 주에서 추파카브라에게 습격당했다는 호세 앙헬 프리드가 입은 상처.

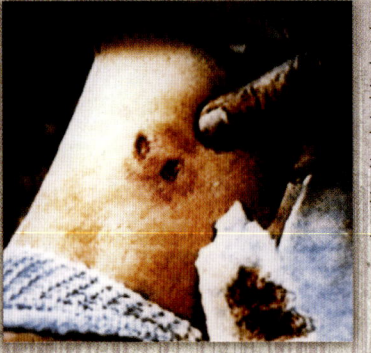

▲ 1998년 11월, 미국 네브래스카 주의 군사 시설지에서 촬영된 수수께끼의 미라. 군사 실험으로 생긴 추파카브라의 사체였을까?

발생했다. 추파카브라의 희생양이 된 건 가축만이 아니다. 추파카브라가 인간을 습격한 적도 있다! 2004년 7월 8일 밤, 칠레에서 목장 경비를 서던 호안 아큐나에게 크고 작은 두 마리의 추파카브라가 날아왔다. 처음에는 개라고 생각했지만, 희번덕거리는 눈과 하늘을 날아다니는 것을 보니 지금까지 전혀 본 적이 없는 괴생물이었다. 괴물들과 싸우던 호안은 수세에 밀리자, 도망치려고 했다. 하지만 그때 미처 생각하지 못했던 것이 떠올랐다.

'놈들은 날개가 있잖아! 날아서 쫓아오면 끝장이야!'

호안은 목장 근처에 흐르는 수로로 뛰어든 뒤에야 가까스로 놈들에게서 벗어날 수 있었다고 한다. 수많은 목격담에 의하면 추파카브라의 몸길이는 대략 90cm이며 달걀 모양의 얼굴에 붉은 눈동자와 코처럼

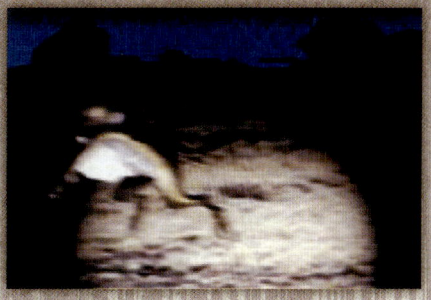
▲2001년 6월, 칠레의 카마라 지구에서 촬영된 추파카브라. 자동차 헤드라이트를 비춘 다음에야 괴물의 모습을 볼 수 있었다.

▲2011년, 멕시코 중부 농가에서 추파카브라에게 죽임을 당한 가축들

▲2001년 5월, 멕시코 삼림에서 카메라에 찍힌 추파카브라

제5장 괴상하게 생긴 괴수 UMA들

보이는 작은 2개의 구멍이 있다고 한다.
입의 상하좌우에 날카로운 송곳니가 2개씩 나 있으며, 30cm나 되는 가늘고 끝이 뾰족한 혀를 가지고 있다. 직립 보행을 하며 갈고리 모양인 3개의 손가락을 가지고 있다. 추파카브라 중에는 날개가 달린 것도 있어, 하늘을 날기도 한다. 추파카브라는 상당히 난폭하고 잔인한 생물이다. 추파카브라의 정체에 대해서는 여러 가지 가설이 있다. 먼저 미국 과학자들이 유전자 조작 실험을 하면서 탄생시킨 '뮤턴트(Mutant, 돌연변이)'라는 것. 또 추파카브라 소동이 벌어지기 직전에 UFO를 봤다는 사람이 많은 점으로 미루어 보아 외계인이 데리고 왔다는 말도 있다. 물론 모두 가설에 지나지 않지만, 추파카브라에 의한 피해가 전 세계적으로 확대되고 있는 만큼 조속히 정체를 밝히고 대책을 마련해야 할 것이다.

Alien Big Cat

실존도 ★★★★☆

[나라] 영국 등
[발견] 18세기 [몸길이] 0.6~1.2m

에일리언 빅 캣

▲영국 신문의 톱뉴스를 장식한 빅 캣

초능력을 가진 검은 괴수

에일리언 빅 캣(이하 ABC)은 영국에서 가장 유명한 미지 동물 중 하나다. 다만 이 이름에 붙은 에일리언(alien)은 '외계인'이 아니라 '이곳에 있을 리 없는', 혹은 '외래종의'라는 뜻으로 쓰였다.

ABC는 퓨마와 검은표범처럼 생긴 흑색, 또는 갈색 털을 지닌 거대한 고양잇과의 동물이다. 물론 영국에는 퓨마와 검은표범이 서식하지 않는다. 성질이 포악하여 때때로 가축과 인간을 습격한다. ABC의 목격담은 18세기 기록에서도 찾을 수 있다. 하지만 ABC를 봤다는 사람들이 급증한 건 1962년부터였다. 영국의 빅 캣 협회에 따르면 2004년부터 2년 동안 2,123건이나 되는 목격담이 쇄도했다고 한다. 2002년에는 스코틀랜드에서 콜린 엘리자베스라는 여성이 ABC에게

▲2009년 2월, 영국 글로스터셔 주의 선로에 나타난 거대한 ABC

▲촬영 시기는 알 수 없지만, 영국에서 촬영된 ABC

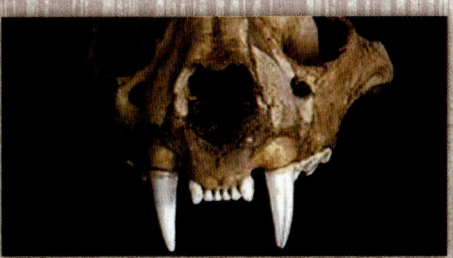
▲1995년에 한 소년이 영국의 보드민 무어에서 발견했다는 두개골. 하지만 이 두개골은 표범 새끼의 것으로 판명되었다. ABC의 정체가 바로 표범일까?

▲목격담을 토대로 그린 ABC

제5장 괴상하게 생긴 괴수 UMA들

공격당했다. 콜린은 자신이 저항하는 동안 이상한 일이 발생했다고 한다.
"ABC가 갑자기 사라져 버렸어요. 마치 공기에 흡수된 것처럼요. 그렇다면 ABC가 나타날 때도 보이지 않은 공간에서 갑자기 모습을 드러낸다는 거잖아요."
ABC는 순간 이동이 가능한 '텔레포테이션 능력'을 지니고 있는 것 같다. 이 능력 덕분일까? ABC는 미국뿐만 아니라 뉴질랜드에서도 발견되고 있다. ABC의 정체는 아직 알 수 없지만, 동물원에서 탈출한 야수라는 등 다양한 가설이 난무하는 중이다. 하지만 이런 가설들로는 ABC가 지녔다는 순간 이동 능력을 설명할 수 없다. 이 세상에는 초능력을 지닌 야생 동물도 있는 것일까?

UMA FILE: 078

실존도 ★★★☆☆

[나라] 미국
[발견] 1979년 [몸길이] 1.2m

도버 데몬

Dover Demon

▲ 1977년 4월 21일에 모습을 드러낸 도버 데몬의 일러스트

3일 동안만 모습을 드러냈던 거대한 머리를 지닌 기괴한 괴물

미국 북동부 매사추세츠 주 도버의 한적한 주택가에 괴생물이 나타났다. 이 괴물은 1979년 봄, 어둠 속에서 홀연히 나타나 3일 동안 수많은 목격자를 남기고는 다시 어둠 속으로 모습을 감추었다. 미국을 대표하는 미지 동물 연구가인 로레인 콜먼은 이 괴물을 '도버 데몬(도버의 악마)'으로 불렀다.

최초의 목격자인 17세의 소년, 윌리엄 바렛은 밤에 친구와 드라이브를 하다가 도롯가의 돌을 두드리며 걷던 괴물을 목격했다. 헤드라이트로 비추자 괴물이 고개를 돌려 소년을 쳐다보더니 이내 어둠 속으로 몸을 숨겼다고 한다. 훗날 소년은 괴물의 모습을 이렇게 묘사했다.

▲ 월리엄이 도버 데몬을 목격한 시각에서 2시간 뒤, 괴물과 우연히 마주쳤다는 존 벅스터

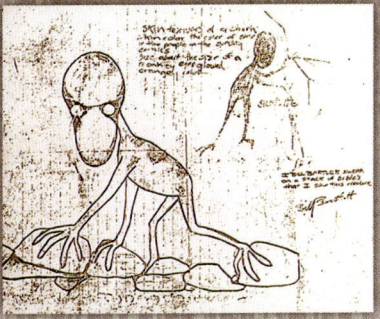

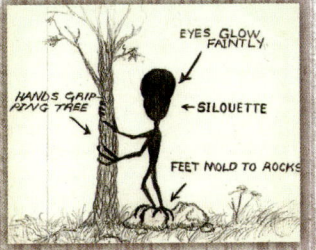

◀ 월리엄 바렛이 그린 도버 데몬

▲ 도버 데몬을 처음으로 목격하고 당시의 상황을 재현하는 월리엄 바렛. 위의 일러스트는 그의 증언을 바탕으로 그린 것이다.

제5장 괴상하게 생긴 괴수 UMA들

"놈에게는 코도 입도 귀도 없었어요. 붉은 눈동자에는 눈꺼풀도 없었죠."
괴물은 빛나는 오렌지빛 눈동자와 머리와 거의 비슷한 크기의 작은 몸, 가느다란 목과 손발을 지녔다고 한다. 털이 없는 깔깔한 느낌의 피부는 분홍색 내지는 베이지색이었다. 초여름이 막 시작될 때쯤, 도버 데몬을 목격한 사건이 매스컴에 알려져 신문사와 텔레비전 방송국에서 취재를 위해 도버로 몰려들었고, 도버 데몬의 소식을 실은 뉴스는 바로 전국으로 방송되었다. 하지만 도버 데몬은 두 번 다시 인간들 앞에 모습을 나타내지 않았다. 도버 데몬의 정체로 몇 가지 가설이 있다. 요정설, 도망친 원숭이설, UFO가 데려온 실험동물설 등이 바로 그것이다. 도버 데몬을 봤다는 사람들의 이야기는 하나같이 생생하지만, 유감스럽게도 그 존재를 증명할 만한 결정적인 물적 증거는 없다.

Jersey Devil

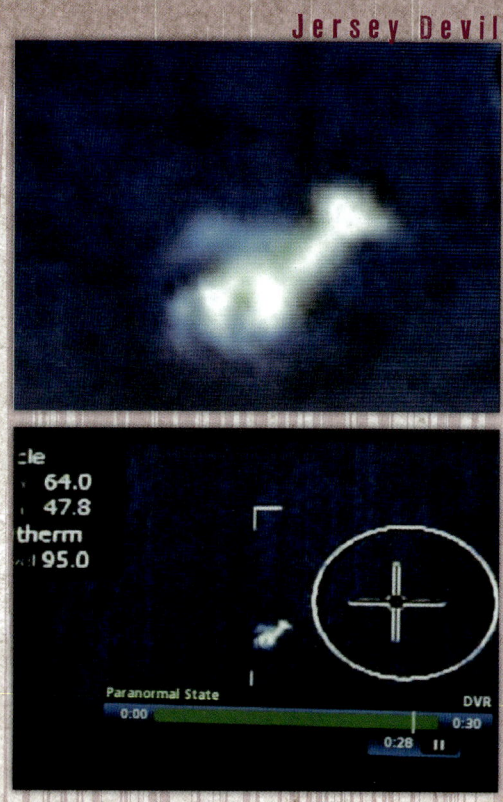

실존도 ★★★★★

[나라] 미국 [발견] 1735년
[몸길이] 1.2~1.8m

저지 데빌

가축을 습격하는 전설 속 악마

200년에 걸쳐 미국 북동부 뉴저지 주에서 목격된 미지 동물이 바로 '저지 데빌'이다.

기록에 따르면 저지 데빌이 처음 나타난 것은 1735년. 뉴저지 주 최대 삼림 지대인 파인배런스에서 리즈라는 여성이 13번째로 낳은 아이가 갑자기 거대해지더니 말의 얼굴과 박쥐의 날개를 지닌 무시무시한 악마로 바뀌어 밤하늘로 사라졌다는 괴담에서다. 사실 이때 리즈는 악마술에 빠져 있었다고 한다.

물론 이 이야기를 괴담에 불과하다고 생각할지 모르지만, 저지 데빌을 봤다는 사람들은 그 밖에도 많았다. 1800년대 초반에는 한 남성이 악마의 날개를 총으로 쐈다는 기록이 있다.

◀ 2010년 2월, 파인배런스에서 적외선 카메라로 촬영한 하늘을 나는 저지 데빌

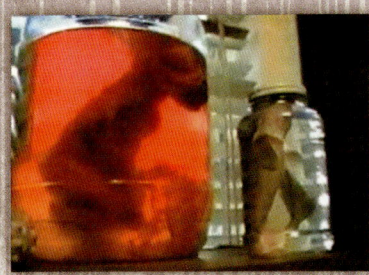

▲ 인터넷에서 공개된 '저지 데빌의 태아' 사진. 진위는 불명확하다.

▶ 1909년, 100건 이상의 목격 증언을 바탕으로 그린 저지 데빌. 익룡을 저지 데빌로 생각하는 사람도 있지만, 악마의 힘을 빌린 괴생물이라고 믿는 사람도 있다.

제5장 괴상하게 생긴 괴수 UMA들

1909년에는 뉴저지 주 일대에서 목격담이 쇄도했고, 1925년에는 저지 데빌의 소행으로 보이는, 닭과 양 등의 가축을 예리한 송곳니로 물어 죽인 사건이 발생했다. 2006년 9월에는 삼림 지대 고속 도로를 달리던 사람이 하늘을 나는 익룡 비슷한 생물을 목격하기도 했다.

저지 데빌이 처음 알려진 유래를 고려할 때 생물이라기보다 악마로 보는 사람들도 많지만, 익룡이 동굴 속에서 숨어 살다가 모습을 드러냈다고 생각하는 사람도 있다. 익룡이 오랜 진화를 거듭한 끝에, 날개는 그대로 남았지만, 몸은 말과 비슷하게 변했다는 이야기다. 1999년에는 저지 데빌을 조사하기 위한 '더 데빌 헌터'라는 단체가 결성되어 발자취와 울음소리를 연구하기 시작했다. 지금도 저지 데빌의 정체를 파헤치기 위한 노력은 계속되고 있다.

Lizard Man

실존도 ★★☆☆☆

[나라] 미국
[발견] 1988년 [몸길이] 2m

리자드 맨

▶ 사건을 조사한 경찰이 발견한 발자국을 석고로 뜬 것. 길이 35cm, 폭 10cm의 거대한 발자국이다.

다른 차원에서 온 생물일까? 자동차를 습격한 도마뱀을 닮은 괴물

1988년의 어느 밤, 미국 남동부 사우스캐롤라이나 주의 비숍빌, 스케이프 오레 연못 주위의 초원에서 사건이 발생했다. 자동차 타이어를 교환하던 크리스토퍼 데이비스는 그를 향해 달려오는 괴생물을 발견했다. 가까이 다가온 괴생물을 자세히 보니 녹색 비늘로 뒤덮인 미끌미끌한 피부를 지녔고 키는 2m가 넘는 장신이었다. 게다가 눈은 빨갛고 날카로운 손발톱이 달린 손가락과 발가락은 각각 3개밖에 없었다.
"얼굴이 도마뱀하고 똑같았습니다. 저는 놀란 나머지 그 자리에서 차를 타고 도망쳤는데, 괴물이 쫓아오더군요. 한참을 달려 더는 쫓아오지 않는다는 것을 확인한 뒤에야 안도의 한숨을 쉬었습니다."

▶ 목격담을 바탕으로 그린 리자드 맨

▲ 크리스토퍼의 차에는 리자드 맨의 예리한 손톱으로 긁어 놓은 상처가 있다.

▶ 1988년 6월 29일, 리자드 맨에게 습격당한 크리스토퍼 데이비스의 소식을 알린 신문

제5장 괴상하게 생긴 괴수 UMA들

크리스토퍼는 이렇게 말했다. 그 뒤로도 연못 주위에서 괴물을 봤다는 사람들이 나타났으며, 언젠가부터 '리자드 맨(Lizard man, 도마뱀 인간)'으로 불리게 되었다. 경찰은 현장 조사에서 발견한 발자국을 석고로 뜬 뒤 FBI(미국 연방 수사국)에 감정을 의뢰했다. 그러자 리자드 맨과 관련된 온갖 소문이 전국으로 퍼지기 시작했고, 급기야 지역 라디오 방송국에서 '리자드 맨을 잡는 사람에게는 100만 달러(한화로 약 10억 원)의 상금을 주겠다.'는 선언을 하기에 이른다. 그 때문에 비숍빌은 한탕을 노리고 온 무리와 사냥꾼들로 북적이게 되었다. 하지만 리자드 맨은 1988년 이후, 단 한 번도 나타나지 않았다. 리자드 맨의 정체가 무엇인지 지금으로선 짐작조차 할 수 없지만, 다른 차원의 세계에서 온 미지 동물이었거나 외계인일지도 모른다는 이야기는 있다.

UMA FILE: 081

실존도 ★☆☆☆☆

[나라] 미국 [발견] 2011년 [몸길이] 0.5~1m

나이트 크롤러
Night Crawler

◀▲밤에 모습을 나타낸 나이트 크롤러. 그 뒤를 따르는 작은 실루엣은 나이트 크롤러의 아이일지도 모른다.

컴퍼스 모양의 미지 동물

2011년 적외선 감시 카메라에 딱 한 번 모습이 찍힌 인간형 UMA가 있다. 카메라가 포착한 장소는 미국 서부 캘리포니아 주, 요세미티 국립 공원 부근의 어느 집 옥상이었다.

영상으로 찍힌 것은 도로를 천천히 걷는 어른과 아이의 새하얀 실루엣. 자세히 보면 두 사람의 머리 부분 아래가 마치 컴퍼스처럼 생긴 2개의 다리로 연결되었다는 것을 알 수 있다. 더욱 이상한 것은 몸이 없다는 점이다. 어둠 속에서 천천히 지면 위를 기는 듯한 모습 때문에 '나이트 크롤러(Night crawler, 밤에 기어 다니는 지렁이)'라는 이름을 얻었다. 하지만 목격담이 이것 하나뿐이라 앞으로 조사할 만한 더 많은 정보가 수집되기를 기대한다.

실존도 ★★☆☆☆

[나라] 미국　[발견] 1955년　[몸길이] 1.2m

러브랜드 프로그 맨

Loveland Frog Man

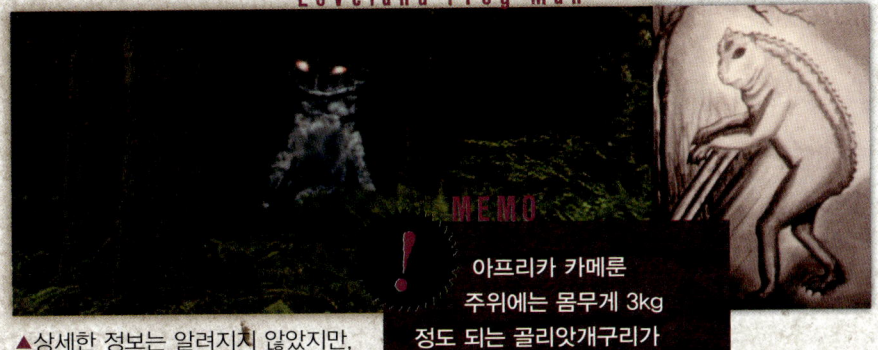

▲ 상세한 정보는 알려지지 않았지만, 비교적 최근에 찍힌 사진으로 프로그 맨으로 보고 있다.

MEMO
아프리카 카메룬 주위에는 몸무게 3kg 정도 되는 골리앗개구리가 있지만, 두 발로 걷진 않는다.

양서류처럼 생긴 인간?

미국 중앙 동북부 오하이오 주 러브랜드를 흐르는 리틀마이애미 강 근처에는 '러브랜드 프로그 맨'이라 불리는 미지 동물이 출몰한다. 최초의 목격담은 1955년. 새벽 3시쯤, 번들거리는 피부를 지닌 3마리의 괴생물들이 두 다리로 걸어 다니는 것을 어느 사업가가 목격했다. 얼굴이 개구리와 똑같았다고 한다. 1972년 3월 3일 새벽 1시에는 경찰인 마크 매슈스가 순찰을 하다가 프로그 맨과 만난 사건이 발생했다. 하지만 이 괴생물은 헤드라이트를 비추자마자 리틀마이애미 강으로 도망쳐 버렸다고 한다. 유감스럽게도 프로그 맨을 봤다는 목격담은 그리 많지가 않다. 프로그 맨은 리틀마이애미 강에서 살며, 아주 야심한 밤에만 육지로 올라오는지도 모르겠다.

실존도 ★★★★★

[나라] 영국　[발견] 16세기?　[몸길이] 80cm

블랙 독

Black Dog

▲브라이즈바라 교회에 남아 있는 블랙 독의 발톱 자국. 불에 탄 발톱으로 긁어 댄 것인지, 그을린 흔적이 있다.

▲▶2007년에 촬영한 미지의 검은 괴물. 설마 블랙 독?

지옥에서 벼락과 함께 나타난다

'블랙 독' 내지는 '지옥의 개' 등으로 불리는 괴물에 대한 전설이 영국 덴버 주와 서포크 주 등지에 전해 내려온다.

1577년 서포크에 나타났다는 블랙 독은 벼락과 함께 모습을 드러냈다. 주민들은 교회로 도망갔지만, 괴물은 기괴한 힘으로 문을 부수었고, 교회에 있던 수많은 사람을 죽였다고 한다. 괴물이 교회를 빠져나갈 때 남겼다는 발톱 자국은 지금도 교회에 남아 있다.

2007년에는 덴버 주 다트무어에서 전설 속 블랙 독으로 보이는 괴생물의 사진이 찍혔다.

시대를 뛰어넘어 모습을 드러낸 수수께끼의 개. 사실은 동물이 아닌 유령 같은 존재일지도 모르겠다.

UMA FILE: 084

실존도 ★☆☆☆☆

[나라] 미국 [발견] 1925년 [몸길이] 2m

고우트 맨

Goat Man

▶ 고우트 맨을 그린 그림

▲ 고우트 맨이 출몰한다는 황량한 애리조나 계곡

▶ 2012년 6월 15일, 유타 주의 와사치 산에서 야생 보호관으로 일하는 코티 클레이턴이 촬영한 미지 생물. 변장을 한 사람일 가능성도 있지만, 어째서 이런 곳에 있었는지는 알 수 없다.

군사 공장이 만들어 낸 괴물인가?

'고우트 맨'을 그대로 직역하자면, '염소 인간'이지만 외모가 양에 가깝기 때문에 '양 인간'으로 부르기도 한다.

주로 나타나는 곳은 미 서부 캘리포니아 주 벤추라 카운티에 있는 앨리슨 계곡으로, 1925년부터 이곳에 사는 것으로 추측된다. 온몸이 잿빛 털로 뒤덮여 있으며, 머리에 양과 비슷한 2개의 뿔이 나 있다. 계곡 가까이에는 1924년에 폐쇄된 낙농 공장이 있는데, 이곳은 사실 군에서 운영하던 비밀 공장이라고 한다.

그곳에서 행한 실험이 낳은 결과가 바로 인간과 괴물이 합해진 새로운 생명체로 '하이브리드 애니멀(잡종 동물)'이라는 것이다. 1964년에는 하이킹을 하러 온 소년들이 고우트 맨을 목격하기도 했다.

UMA FILE: 085

실존도 ★★★★☆

[나라] 일본
[발견] 기원전 4천 년경   [몸길이] 30~80cm

쓰치노코

Tsuchinoko

▶1973년, 세이부 백화점이 작성한 쓰치노코의 수배 전단. 생포에 성공하면, 현상금을 준다고 했다!

일본에서 가장 오래된 신비한 UMA

'쓰치노코'는 일본을 대표하는 미지 동물 중 하나다. 쓰치노코를 봤다는 사람이 셀 수 없이 많으며, 북으로는 아오모리 현에서 남으로는 가고시마 현까지, 홋카이도와 난세이 제도를 제외한 일본 전역에 분포하고 있다. 쓰치노코를 한자로 쓰면 '망치의 아이(槌の子)'가 된다. 쓰치(槌)는 망치를 말하는데, 오래전 짚을 패던 짧고 두꺼운 망치와 모습이 비슷하다 하여 이렇게 불리게 되었다. 하지만 지역에 따라 부르는 이름은 제각각이다. 쓰치노코가 인간에게 목격된 역사는 상당히 오래되었다. 일본에서 가장 오래된 역사서인 『고사기』에 '들의 신' 『노드치』로 언급되었을 정도다. 그뿐 아니라 기후 현 다카야마 시에 있는 히다 민속 박물관에는 쓰치노코를 본뜬 약 6천 년 전에 제작된 죠몽토기(일본 신석기 시대에

쓰치노코가 나타난 곳과 부르는 이름

▲1988년 나라 현 시모기타야마에서 결성된 쓰치노코 탐험대

만든 토기)도 있다. 수천 년 동안 전해져 내려온 쓰치노코가 전국적으로 유명해진 건 1959년이었다. 수필가인 야마모토 소세키가 쓰치노코를 만난 체험을 털어놓으면서다. 야마모토 씨는 교토 산속에서 낚시를 하고 있었는데, 갑자기 어디선가 맥주병처럼 생긴 뱀이 날아왔다고 한다. 깜짝 놀란 그는 바로 도망을 쳤는데, 훗날 그 지역 어르신이 그의 이야기를 듣고 이런 말을 했다고 한다.

"그게 바로 쓰치노코입니다. 그놈은 먹잇감을 발견하면 전력으로 달려들어 물어뜯은 뒤 맹독을 퍼부어 죽입니다."

이 내용을 잡지에 발표하자 큰 화제를 불러일으켰고 쓰치노코를 찾아야 한다는 사람들이 여기저기서 나타났다. 방송 프로그램과 만화에서도 소재로 사용되는 등, 제1차 쓰치노코 붐이 형성된 것이다. 하지만 이때는

▲후쿠오카 현에 사는 목격자가 그린 쓰치노코. 몸길이는 30cm 정도이며, 구렁이를 닮은 화려한 색을 입고 있다. 가까이 가면 지렁이처럼 꿈틀거리며 도망친다고 한다.

▲니가타 현 오지야 시에 사는 주민이 보관하고 있던 쓰치노코의 것으로 보이는 뼈. 길이는 50cm이며 'ㄴ' 모양으로 구부러져 있다.

▲효고 현에 사는 한 여성이 산속에서 목격했다는 쓰치노코. 몸 두께가 맥주병 정도로, 도롱농과 닮았다고 한다.

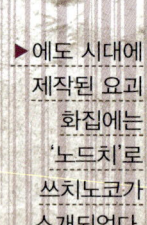

▶에도 시대에 제작된 요괴 화집에는 '노드치'로 쓰치노코가 소개되었다.

생포는커녕 사체조차 찾지 못한 채 말 그대로 붐으로 끝나고 말았다. 하지만 1988년부터 다시 전국적으로 쓰치노코를 봤다는 사람들이 늘어나면서 쓰치노코로 보이는 괴생물의 사체도 발견되기 시작했다. 쓰치노코 탐색대도 전국 각지에서 결성될 만큼 또 다시 큰 붐이 일었다. 특히 목격자가 많았던 나라 현과 기후 현, 히로시마 현에서는 100~300만 엔(한화로 약 900~2,700만 원)의 현상금을 걸고 쓰치노코의 생포를 독려했다. 그중에서도 효고 현 시소 군 치쿠사(지금의 시소 시)에서는 생포해 오면 2억 엔(한화로 약 18억 700만 원), 사체라도 가져오면 1억 엔을 지급한다는 초유의 현상금을 내걸었다. 제2차 쓰치노코 붐 이후에도 목격담은 끊임없이 이어졌지만, 그 건수는 점점 줄고 있다. 그러던 중 2005년에는 오카야마 현 아카이와 시에서 쓰치노코의 사체를 발견했다. 하지만 전문가들은 먹이를

▲ 율모기. 몸의 형태와 행동이 쓰치노코와는 전혀 다르다.

◀ 2007년 4월 1일, 야마가타 현의 어느 목장에서 발견된 쓰치노코를 닮은 괴생물의 사체. 데스 애더로 불리는 호주산 독사일 가능성도 배제할 순 없지만, 아직 정체는 밝히지 못했다(사진=사사키 유키야).

먹고 배가 부풀어 오른, '율모기'라 불리는 뱀이라고 감정 결과를 내놓았다. 목격담을 종합하면, 쓰치노코의 몸길이는 30~80cm, 전체적인 모양은 뱀과 비슷하지만 더 뚱뚱하고 납작하며 뭉툭하다. 머리는 삼각형으로 목이 있으며 꼬리는 가늘고 짧다. 눈에는 눈꺼풀이 있으며 맹독이 든 타액을 내뱉는다. 또한, 2~3m쯤은 가뿐히 뛰어넘을 수 있다. 쓰치노코는 사실 사람들이 뱀이나 도마뱀을 잘못 본 것이라는 의견이 지배적이다. 하지만 뱀이 어떻게 생겼는지 잘 아는 목격자들은 입을 모아 이렇게 말한다.

"뱀이요? 뱀하고는 전혀 다르다니까요!"

설령 뱀이라고 해도 아직 확인되지 않은 새로운 종류일 것이다. 어쨌든 만약 쓰치노코를 생포할 수만 있다면 제대로 보호하고 관리할 방안을 찾아야 할 것이다.

실존도 ★★☆☆☆

[나라] 케냐 [발견] 1905년 [몸길이] 3.5m

난디 베어
Nandi Bear

◀ 난디 베어의 그림. 몸의 높이는 1.6m 정도다. 뒷발보다 긴 앞발은 하이에나의 특징과 비슷하다.

◀ 케냐에 사는 점박이하이에나

▲ 약 3,400만~2,400만 년 전에 아시아~아프리카에 분포했던 칼리코테리움

멸종 포유류가 살아남았다?

케냐 서부 난디 지방에 출몰한다는 기괴한 짐승이 '난디 베어'다. 야행성으로, 달이 없는 밤에 나타나 인간과 가축을 습격한다. 온몸이 털로 덮여 있으며 머리는 곰, 몸은 하이에나와 비슷하다. 원주민은 이 동물을 '케시모트'라고 부르며 '인간의 뇌를 먹는 거대한 악마'로 여겨 두려워했다. 난디 베어가 세상에 알려진 것은 1905년 영국의 박물학자가 자신의 책에 언급하면서부터다. 1919년에는 7마리의 양이 뇌가 파 먹힌 채로 죽는 사건이 발생했다. 하지만 최근 들어서는 난디 베어와 관련된 목격담이 거의 없는 상태다. 난디 베어의 정체로는 하이에나라는 설, 멸종한 줄 알았던 대형 포유류 칼리코테리움이 지금까지 살아남았다는 설 등이 힘을 얻고 있다.

UMA FILE: 087

실존도 ★★★☆☆☆

[나라] 호주 [발견] 1800년대 [몸길이] 1~1.5m

번입
Bunyip

◀ 호주 우표에 등장한 번입

▼ 1847년에 발견되어 과학 잡지에 실린 번입의 두개골. 하지만 이후 두개골의 행방은 묘연해졌다.

▲ 전설을 바탕으로 그린 번입. 가축이나 인간을 습격하던 무시무시한 짐승이다.

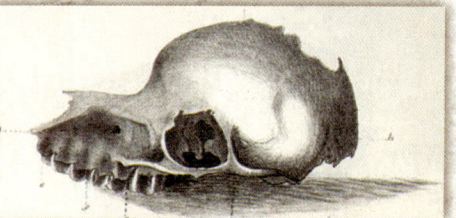

제5장 괴상하게 생긴 괴수 UMA들

뾰족하고 날카로운 송곳니를 가진 미지의 괴수

1977년 8월의 어느 밤, 세실리아 로즈라는 한 여성이 호주 남동부 뉴사우스웨일스 주에서 두 눈을 휘황하게 빛내던 한 마리의 괴물을 목격했다.
"키이익! 키이익! 키이익!"
괴물은 고막이 찢어질 것 같은 날카로운 소리로 울더니 물속으로 사라졌다고 한다. 뉴사우스웨일스 주 일대의 물가에서 신비한 짐승 '번입'이 산다는 전설이 있다. 원주민인 애버리지니의 말에 따르면 번입은 굉장히 난폭하며 인간에게 재앙을 가져다주는 야수라고 한다. 번입이 사람들에게 목격된 것은 꽤 오래전 일로, 1812년에는 신문에 기사가 실리기도 했으며 1847년에는 두개골을 발견하기도 했다. 호주에는 아직도 발견하지 못한 거대한 야수가 있는 것일까? 진실은 알 수 없다.

UMA FILE: 088

실존도 ★☆☆☆☆

[나라] 미국
[발견] 1970년대 [몸길이] 1.8m

도그 맨

Dog Man

▲2009년 2월, 미시간 주 휴론에서 드라이브 중이던 목격자에게 접근하던 도그 맨

두 발로 걷던 공포의 도그 맨

온몸이 검은 털로 뒤덮여 있고 직립 보행을 한다. 얼굴은 개나 늑대와 똑 닮았다. 미국 중앙 북부, 미시간 주에는 사람들이 '도그 맨'이라 부르는 공포의 미지 동물이 있다. 2008년의 어느 늦은 밤, 템플턴의 한 농장에서 울부짖던 야수의 울음소리를 들은 아기 돌보미 여성이 커튼 너머로 괴물을 발견했다. 그 괴물은 뒷다리로 서 있던 거대한 개였다. 사진을 찍기 위해 셔터를 눌렀지만, 나중에 확인해 보니 아무것도 찍혀 있지 않았다. 이 괴물은 원래 공상의 산물이었다. 1987년, 미시간 주 라디오 방송국 DJ였던 스티브 쿡이 기획 방송으로 만든 것이다. 스티브는 미시간에서 오래전부터 전해 내려오던 야수 전설을 바탕으로 반인반수이며 직립 보행을 하는 괴물을 탄생시켰다. 그리고 도그 맨을

▲ 반인반수의 도그 맨을 그린 것. 하지만 도그 맨이 진짜 존재하는지에 대해서는 의문을 갖는 사람이 많다.

▲ 2007년 미시간 주 페닌슐라 숲에서 발견한 도그 맨의 발자국

▶ 1970년대에 촬영한 도그 맨의 동영상. '더 게이블 필름'으로도 불린다.

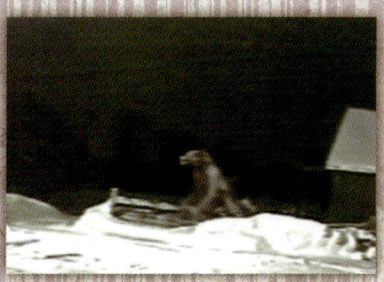
▲ 2008년, 미시간 주의 한 농장에 나타난 도그 맨을 그린 그림. 사진이 아닌 그림이다.

테마로 노래를 작곡하여 라디오에 내보냈다. 그러자 곧 뜨거운 반응을 일으키더니 예상치도 못한 결과를 낳았다.
"노래에 나오는 괴물을 실제로 봤다!"는 사람들이 라디오 방송국으로 제보를 하기 시작한 것이다!
2007년에는 1970년대에 촬영했다던 도그 맨의 모습을 포착한 필름이 나와 스티브가 운영하던 웹사이트에 공개되었다. 이 필름은 어느 부동산 업자가 발견한 것으로, 촬영자가 누구인지는 밝히지 않았다.
만약 도그 맨이 스티브가 만들어 낸 가상의 괴물이라면, 실제로 존재할 리가 없다. 하지만 정말 존재한다면 스티브가 만든 괴물과는 별개로 외모가 비슷한 UMA가 실제로 미시간 주에 산다는 말이 된다. 도그 맨과 관련된 미스터리는 점점 미궁에 빠지고 있다.

UMA FILE: 089

실존도 ★★★★★

[나라] 몽골 [발견] 1800년대
[몸길이] 50cm~1.5m

몽골리안 데스 웜

Mongolian Death Worm

사막에 사는 죽음의 거대 생물

몽골 북부에 있는 고비 사막에는 우기인 6~7월에 땅으로 올라오는 공포의 벌레가 있다고 한다. 이름도 무려 '몽골리안 데스 웜(이하 데스 웜)'으로, '몽골에 있는 죽음의 벌레'라는 뜻이다. 데스 웜은 근처를 지나는 사람과 동물에게 수증기 같은 독액을 뿜어, 순식간에 목숨을 빼앗는다고 한다. 게다가 꼬리 끝에는 전기가 흘러 먹잇감을 감전사시키기도 한다. 현지에서는 '오르고이코르고이(회충)'라고도 부르는데, 거대한 나방의 애벌레나 지렁이처럼 생겼다고 한다.

기록에 의하면 1800년대 초 러시아 출신의 과학자들로 구성된 조사단이 데스 웜의 존재를 확인했다. 조사 보고서에 따르면 지금까지 수백 명의 사람이 데스 웜의 독으로 사망했다고 한다.

◀ 데스 웜의 일러스트. 말을 타고 있던 주민 한 사람이 손에 든 막대기로 데스 웜을 때리자, 막대기 끝이 녹색으로 바뀌었다고 한다. 말도 기수도 그 자리에서 즉사했다.

▲ 데스 웜은 땅속에 살며 독액과 꼬리의 전기로 사냥을 한다.

▲ 데스 웜을 찾는 데 앞장섰던 이완 맥컬 박사

MEMO

전기뱀장어는 몸의 특수한 세포에서 전기를 만들지만, 물에 있어야 제대로 된 무기로 사용할 수 있다. 하지만 데스 웜이 어떻게 전기를 만드는지는 알려지지 않았다.

▶ 이완 맥컬 박사가 그린 데스 웜. 마치 거대하고 화려한 지렁이처럼 보인다.

제5장 괴상하게 생긴 괴수 UMA들

그동안 몽골에 데스 웜이 산다는 사실은 오랫동안 비밀에 부쳐졌다. 하지만 1991년 구소련(지금의 러시아)이 붕괴하면서 처음 데스 웜의 존재가 세상에 알려졌다. 그 뒤로 외국인들의 몽골 출입이 자유로워지면서 데스 웜의 실태를 파악하는 일도 가능해졌다.

1990년에는 체코의 동물학자인 이완 맥컬이, 2005년에는 영국의 과학자들로 구성된 연구팀이 고비 사막을 찾아 조사했다. 그러나 데스 웜을 봤다는 목격담만 수집했을 뿐, 데스 웜이 진짜 있는 건지는 확인하지 못했다. 사실 지금까지도 데스 웜의 모습을 담은 사진이나 영상은 없다. 데스 웜의 정체를 두고 도마뱀이나 코브라와 비슷한 종이라는 설, 땅에 적응하도록 진화한 전기뱀장어라는 설 등 다양한 의견이 오가고 있지만, 존재를 확인할 만한 결정적인 증거는 없다.

실존도 ★★☆☆☆

[나라] 알프스 산맥 [발견] 1717년 [전체 길이] 불명

타첼브룸
Tatzelwurm

◀ 1991년에 발견된 타첼브룸의 것으로 보이는 뼈

▶ 1934년에 스위스 출신의 바킨이라는 사람이 촬영했다는 타첼브룸의 머리

▲ 1717년 타첼브룸을 만난 탐험가 요한 슈바이처를 그린 동판화

앞발이 있는 거대한 뱀

타첼브룸은 유럽 알프스 산맥에 산다는 뱀, 혹은 도마뱀과 닮은 미지 생물이다. 이름은 독일어로 '앞발이 있는 뱀'이라는 뜻이다. 이름대로 앞발이 있지만, 뒷발도 있는지는 확인된 바가 없다. 1717년 프로이센(독일 북동부)의 탐험가가 타첼브룸을 만났다는 기록이 동판화로 남아 있다. 최근에는 2003년에 알프스 산속 맛지오레 호에서도 발견되었다.

알프스 일대는 양서류인 큰산초어의 화석 산지로도 유명하기에, 큰산초어를 타첼브룸으로 착각했다고 생각하는 사람들도 많지만, 한편으로는 전설 속의 괴물 바실리스크가 나타난 것이라고 믿는 사람들도 있다.

UMA FILE: 091

실존도 ★★★★★

[나라] 캐나다　[발견] 1972년대　[키] 1.5m

레이크 테티스 머맨
Lake Thetis Merman

제5장 괴상하게 생긴 괴수 UMA들

◀ 테티스 호수에 나타났다는 인어

▲ 캐나다 서부에 있는 테티스 호. 1972년, 이 조용한 호반에 인어가 나타났다.

머리에 가시가 돋아 있는 호수의 괴물

캐나다 서부 브리티시컬럼비아 주의 테티스 호수에는 기괴한 미지 동물인 '인어'가 산다고 한다. 키는 약 1.5m로 온몸이 비늘로 덮여 있으며 머리에는 6개나 되는 커다란 가시가 돋아 있다.

1972년 여름에 딱 두 번 목격된 뒤로 지금까지 모습을 보이지 않고 있어서, 정체는 여전히 미궁 속에 빠져 있다.

처음으로 모습을 드러냈을 땐 호숫가에 있던 2명의 소년을 공격하더니, 그중 한 소년에게 머리에 난 가시로 상처를 입혔다. 두 번째는 소년들의 신고를 받고 출동한 경찰들 앞에 나타났다. 하지만 이내 인어는 호수 속으로 모습을 감추었다고 한다.

UMA FILE: 092

실존도 ★★★★

[나라] 일본
[발견] 5세기 [몸길이] 1~3m

갓파

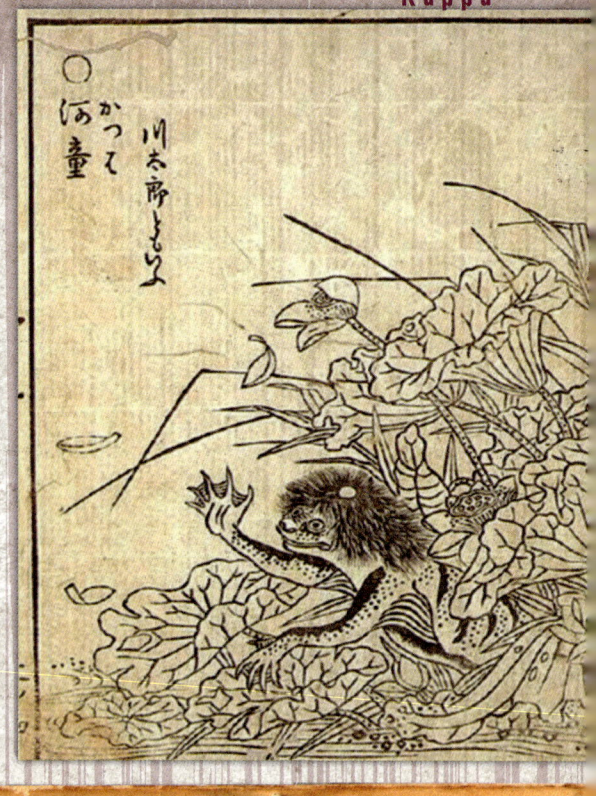

Kappa

일본 전역에 숨어 산다는 요괴

갓파는 강이나 연못 등지에 산다고 알려진 요괴형 UMA다. 북으로 홋카이도, 남으로 오키나와에 이르기까지 갓파와 관련된 전설이 일본 전역에 남아 있으며, 실제로 오래전부터 존재하는 괴생물로 추측하고 있다. 몸길이는 1~3m, 얼굴은 개구리를 닮았으며 부리가 있다. 피부는 미끌미끌하며 등에는 등딱지가 있다. 바가지 모양의 머리 한가운데에는 움푹 팬 곳이 있는데, 그곳이 젖어 있을 땐 괴력을 발휘하지만 말라 버리면 무기력해진다. 그리고 손과 발에는 물갈퀴도 있다. 구마모토 현 야츠시로 시에는 '갓파도래지비'가 있다. 이 비석의 유래는 5세기 초, 닌토쿠 왕의 시절까지 거슬러 올라간다. 유래에 따르면 일본에 사는 갓파는 중국에서 왔다고 한다. 갓파는 주로 간토 지방에서 부르는

◀ 에도시대의 우키요에(일본 에도시대에 서민층을 바탕으로 발달한 풍속화) 토리야마 세키엔이 그린 '백귀야행'에 나온 갓파

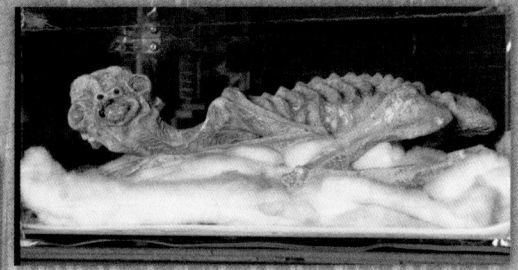

▲ 사가 현 이마리 시에 있는 타지리 집안에서 대대로 전해져 내려온 갓파의 미라. 키는 약 40cm다. 언제부터 이곳에 있었는지는 확실치 않다.

▲ 미야자키 현 사이토 시의 한 민가에서 발견된 발자국. 알 수 없는 성분이 발자국에 묻어 있는데, 아무리 닦아내도 지워지지 않는다고 한다.

◀ 구마모토 현 야츠시로 시에 있는 '갓파도래지비'. 5세기에 세워진 것이다.

제5장 괴상하게 생긴 괴수 UMA들

이름으로, 지역마다 부르는 이름이 제각각이다. 1984년의 어느 날, 나가사키 현 시모아가타 군 이즈바라(지금의 쓰치마 시)에서 갓파를 목격했다는 남자가 나타났다. 밤 11시 반, 강가를 거닐던 그는 근처에서 시끄럽게 떠들던 아이들을 발견했다.

'어느 집 아이가 이렇게 늦은 시간까지 놀고 있는 거야?'

아이들에게 주의를 주기 위해 다가간 그는 아이들의 모습이 이상하다는 것을 알았다. 검푸른 피부는 미끌미끌해 보였고, 손발도 굉장히 가늘었다. 하지만 남자가 다가온 것을 눈치챈 아이들은 강으로 일제히 뛰어들어 모습을 감추고 말았다. 다음 날 아침, 다시 현장을 찾은 남자는 강가에서 수상한 발자국들을 발견했다. 갓파의 정체가 다른 차원에서 온 UMA라고 말하는 사람들도 있지만, 지금으로선 아무것도 알 수가 없다.

Unicorn

[나라] 유럽 각지
[발견] 기원전 400년경 [몸길이] 1m?

실존도 ★☆☆☆☆

유니콘

중세 유럽에서 전해져 내려온 요괴

'일각수'로도 불리는 유니콘은 유럽의 전설 속 동물이다. 유니콘이 언급된 최초의 기록은 기원전 400년 전에 작성된 고대 그리스의 자료이다. "인도에는 머리가 수사슴, 몸이 소, 발은 코끼리, 꼬리는 돼지를 닮은 일각수가 있다."고 적혀 있다. 이 이미지가 중세 유럽에 전해진 뒤로 변형되어 지금 우리가 아는 유니콘이 되었다. 이마 가운데에 난 길고 예리한 뿔, 2개로 나누어진 발굽, 수컷 염소의 것과 비슷한 턱수염, 남색의 눈동자를 지닌 백마이다.

그런데 최근 들어 상상의 산물인 줄만 알았던 유니콘을 촬영한 영상이 등장했다. 인터넷 동영상 사이트에 이 영상이 공개되자 큰 화제를 불러일으켰다. 먼저 2007년, 스위스 산속에서 유니콘처럼 보이는

◀▼2010년, 카메라 앞을 스쳐 지나간 유니콘. 우연히 녹화된 것으로 굉장히 귀중한 자료다. 장소는 캐나다다.

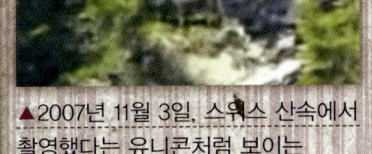

▲2007년 11월 3일, 스위스 산속에서 촬영했다는 유니콘처럼 보이는 생물의 모습

▶뿔이 하나인 염소. 하지만 백마보다 훨씬 몸이 작아서 이것을 유니콘으로 착각하긴 어렵다.

생물이 비디오카메라에 잡혔다. 하이킹 차 산속을 찾은 남녀가 강의 암벽을 촬영하다가 몸이 새하얀 미지의 동물을 카메라에 담은 것이다. 2010년에는 캐나다 중부 온타리오 주 토론토의 산악 지대에서 촬영된 영상이 공개되었다. 이것은 현재 사실 여부 확인을 위해 온타리오 과학 센터에 있다. 하지만 "영상만으로는 판별할 수 없으므로 새로운 목격 정보가 있으면 제출해 주십시오."라는 센터 소장의 말로 보아 사실을 가리는 것이 상당히 어려울 것으로 예상된다. 유니콘의 정체로 뿔이 달린 동물의 돌연변이로 보는 견해가 가장 유력하다. 예를 들어 염소처럼 2개의 뿔을 가진 동물 중에서 1개의 뿔만 가진 동물이 태어나기도 한다는 것이다. 하지만 그것이 진실인지는 아직 확인하지 못했다.

UMA FILE: 094

실존도 ★★★★★

[나라] 말레이시아
[발견] 2005년 [몸길이] 15~50cm

토욜

Toyol

▶ 불길한 붉은 눈을 가진 토욜의 미라

붉은 눈의 난쟁이 흡혈귀

2005년, 말레이시아 남부 조호르 주의 어느 마을에서 몸길이 15cm 정도 되는 기괴한 생물이 밤마다 나타나 자고 있던 주민들을 위협했다. 괴물을 직접 본 주민은 이렇게 말했다.
"눈이 새빨간 괴물은 나타났다 사라지기를 반복하며 하늘을 날아다녔어요."
이것이 바로 말레이시아에서는 진짜로 존재한다고 믿는 '토욜'이라는 요괴이다. 이름의 뜻은 현지어로 '난쟁이 악마'다. 장난을 즐기며, 돈을 좋아하고, 사람과 가축의 생피를 빨아먹는 흡혈귀다. 붉은 눈과 초록색 입, 예리한 이빨, 검은 피부. 게다가 굉장히 신출귀몰하다. 거기에 사람들의 행동을 조종할 수도 있다고 한다. 현지에 사는 한 노인은 이렇게 말했다.
"눈을 떴을 때 발에 작은 상처가 있다면, 토욜이 당신의 피를 빨아먹은

▲토욜의 미라를 보관 중인 조호르 주 국립 박물관 관장 모드 자라르

▲토욜의 미라가 조호르 주 국립 박물관에 보관되어 있다.

▶2006년 2월 20일, 해안가에서 토욜이 든 병을 발견한 어부, 아라 소레트

겁니다."

2006년 1월에는 수도 쿠알라룸푸르 교외에 사는 한 여성이 새벽에 잠에서 깨 자신의 지갑을 훔치려던 토욜을 목격했다. 여성은 토욜을 잡으려 했지만 이내 괴물에게 정신을 조종당해 몸을 마음대로 움직이지 못했고, 결국 정신을 잃었다고 한다. 다시 눈을 떴을 때는 엄지손가락에 피가 빨린 자국이 있었으며 지갑은 텅 비어 있었다. 2006년 2월에는 토욜로 추측되는 미라가 담긴 병이 해안가에서 발견되었다. 최초 발견자는 어부였으며, 현재는 주에서 운영하는 국립 박물관에서 보관 중이다. 미라의 키는 20cm. 병 속에는 모래와 노란 수염, 양파 껍질 같은 것도 함께 담겨 있었다. 하지만 아직도 미라의 정체는 밝히지 못했다. 요괴 토욜은 실제로 지구에 존재하는 미지 동물일까?

실존도 ★★★★★
[나라] 멕시코 [발견] 2007년 [전체 길이] 15~20cm

메테펙 몬스터
Metepec Monster

◀ 손바닥에 올려놓을 수 있을 만큼 작은 메테펙 몬스터

초소형 외계인일까?

멕시코 중부 멕시코 주 토루코 시 근교에 있는 메테펙 조류 연구소에서 매우 작은 크기의 소형 생물을 발견했다.
키는 대략 15~20cm. 역삼각형 모양의 큰 머리, 5개의 손가락과 발가락이 달린 작은 손발. 게다가 꼬리도 있었다. 발견된 건 2007년으로, 쥐를 잡기 위해 설치한 덫에 걸려 있었다. 연구소에서는 그동안 새들이 죽임을 당하는 사건이 발생했었는데, 바로 이 괴생물이 범인이라고 믿고 있다. 괴물의 정체로 추파카브라의 새끼설, 유전자 실험으로 만들어진 뮤턴트설, 외계인설 등 다양하지만, 아직 결론은 내리지 못했다. 현재 발견 장소의 이름을 따 '메테펙 몬스터'로 불리고 있다.

실존도 ★★☆☆☆

[나라] 인도 [발견] 2001년 [몸길이] 1.4~1.6m

몽키 맨
Monkey Man

▲ 2001년 3월 16일, 한밤중에 나타난 몽키 맨의 그림. 지역 경찰은 몽키 맨의 온몸에 털이 났다고 했지만, 또 다른 목격자는 몽키 맨은 빨간 눈을 가졌으며 검은 헬멧을 쓰고 있었다고 증언했다.

▼ 몽키 맨의 습격으로 상처를 입었던, 당시 3살의 나비드 칸

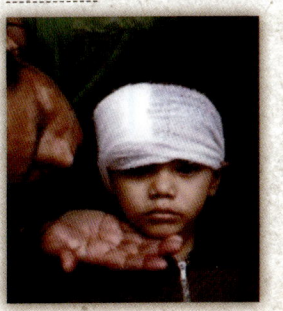

제5장 괴상하게 생긴 괴수 UMA들

붉고 푸른빛을 발사하던 미지의 UMA

2001년 3월. 인도 뉴델리에 '몽키 맨'이라 불리는 미지 동물이 나타났다. 상반신은 검은 털로 뒤덮인 원숭이, 하반신은 인간과 닮은 괴물이다. 몸에서 붉고 푸른빛을 흘러나오며 날카로운 손톱을 갖고 있다고 한다. 몽키 맨은 늦은 밤에 마을에 나타나 더위를 피해 옥상에서 자고 있던 사람들을 덮쳐 상처를 입히기도 했다. 피해자만 100명이 넘으며, 이 사건은 뉴스로 보도되기도 했다.

몽키 맨의 정체로 미지 동물이라는 의견 외에도 원숭이를 착각했다는 것, 범죄 집단이 모습을 숨기기 위해 변장했다는 등의 여러 이야기가 있지만, 결정적인 증거는 없다. 게다가 그 이후로 몽키 맨은 두 번 다시 모습을 드러내지 않았다.

UMA FILE: 097

실존도 ★★★★★

[나라] 중국 [발견] 2005년 [전체 크기] 각양각색

태세(太歲)
Tai-Sai

◀ 2007년 4월에 중국 산시 성에서 발견된 태세

◀ 중국 선얏센 대학 생명 과학 연구소가 보관 중인 2005년에 발견된 태세. 물을 뿌리면 그대로 흡수하며 상처가 나도 자연히 아문다는 괴생명체다.

MEMO
변형균은 점균으로도 불리는데, 아메바처럼 운동하며 고목 등에서 영양분을 섭취하는 생물이다.

상처를 자연스레 치유하는 수수께끼의 괴생물

2005년, 중국 광둥성 포산 시에 있는 하천 근처 진흙밭에서 말랑말랑한 덩어리가 발견되었다. 막대기로 툭툭 찌르니 구멍이 생겼는데, 얼마 안 있어 다시 구멍이 사라졌다. 이 기괴한 덩어리에 스스로 상처를 치유하는 능력이 있었다. 이것이 바로 중국에서 오래전부터 불로불사의 선약(신선이 만든 약)을 만드는 데 필요하다던 '태세'라 불리는 생명체다.

발견하는 것조차 어려운 이 태세의 정체를 사람들은 생물과 균류의 중간인 '변형체'로 보고 있다. 이 책에서 말하는 미지 동물과는 조금 다르지만, '태세'는 분명히 존재함에도 불구하고 아직 정체를 명확히 밝히지는 못했다.

UMA FILE: 098

실존도 ★★★★★

[나라] 일본, 인도 등　[발견] 불명　[키] 1.4~1.6m

요괴 쿠단
Kudan

▲ 일본 쇼와 시대에 그려진 그림엽서에 나온 요괴 쿠단의 미라

▼ 태국의 어느 마을에 실제로 존재했다는 요괴 쿠단. 죽은 뒤에야 알려졌다.

제5장　괴상하게 생긴 괴수 UMA들

사람의 얼굴에 소의 몸을 한 요괴 UMA

'쿠단(件)'은 일본에 전해져 내려오는 인간의 얼굴과 소의 몸을 한 요괴를 말한다. 대부분 태어난 지 며칠 만에 죽지만, 그 사이에 앞으로 닥칠 재앙을 정확히 예언한다고 한다. 오래전부터 요괴 쿠단의 존재를 많은 사람들이 믿어 왔다.

2007년, 태국의 한 마을에서 쿠단이 발견되었다. 마을 사람들이 괴이하게 생긴 사체를 장례 치르는 모습이 인터넷 웹 사이트에 공개되면서 세상에 알려졌다. 영상에 나온 괴물은 얼굴은 사람, 몸은 소와 비슷하다. 손과 발의 끝은 발굽으로 되어 있으며 털도 나 있다. 괴물의 사인을 두고 여러 가지 말이 많으나 진상은 밝혀지지 않았다. 요괴 쿠단의 정체를 두고 현재 소의 돌연변이라는 의견이 힘을 얻고 있다.

[칼럼] 과연 그렇구나! 미지 동물학 ❺

다른 차원에서 온 UMA

시공을 자유자재로 넘나드는 기묘한 생물들

4장까지 소개한 UMA에는 대부분 동물학에서도 확인이 된, 존재했던 동물이나 생물이 실제 정체라고 추측되는 경우가 많았다. 하지만 5장에서 소개한 UMA들은 과학적인 사고나 상식으로는 도무지 그 존재를 믿을 수 없는 UMA가 많다. 이런 UMA는 어떻게 생각해야 할까? 혹시 지구에 존재하는 생물이 아닌 외계인과 비슷한 존재일지도 모른다. 시간을 거슬러 올라가기도 하고 먼 거리를 단숨에 이동하는 등 시공을 자유자재로 움직이기에 '다른 차원에서 온 UMA'로 불리기도 한다. 몇 가지 예를 들어 소개하겠다.

◉쉐도우 피플

2006년 9월 3일, 미국 네바다 주 파럼프 근교의 교회에서 그림자처럼 생긴 2개의 다리가 걷는 모습이 촬영되었다. 주위의 그 누구도 그림자의 존재를 눈치채지 못했으며, 사진을 찍은 장본인조차 사진을 보고서야 알았다고 한다. 최근 미국에서는 '쉐도우 피플(Shadow people, 그림자 인간)'로 불리는 괴생물이

▶ 2006년에 미국에서 촬영된 쉐도우 피플

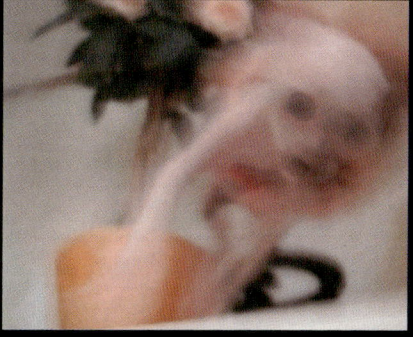

◀2006년 7월, 미국 민가에 나타난 통칭 '조지아의 괴물'

출현했다는 보고가 잇따르고 있다. 그들이 나타날 때면 화약 냄새와 함께 정전기가 나는 것 같은 찌릿한 느낌이 든다고 한다.

◉조지아의 괴물

2006년 7월 19일 아침, 미국 조지아 주에 사는 메어리(가명)라는 여성은 벽을 긁는 소리에 눈을 떴다. 그녀의 어머니도 이상한 생각이 들어 집을 살피기 시작했는데, 이번에는 집안에서 똑같은 소리가 났다.
"깔짝, 깔짝, 깔짝……. 깔짝깔짝깔짝깔짝깔짝!"
소리는 언젠가부터 바로 코앞에서 들리기 시작했다. 그때 메어리가 무언가를 보았다.
"선반 뒤에 뭔가가 있어!"
메어리의 외침과 동시에, 그녀의 어머니는 디지털카메라의 셔터를 눌렀다. 그때 찍은 것이 바로 위의 사진이다. 그 뒤로 무슨 일이 벌어졌는지는 알려지지 않았다.

◉라이트 빙

미국에서 발견되었지만, 자세한 정보는 그다지 알려진 게 없다. 2007년 7월, 육안으로는 볼 수 없는 발광체를 우연히 촬영했다. 촬영자의 말에

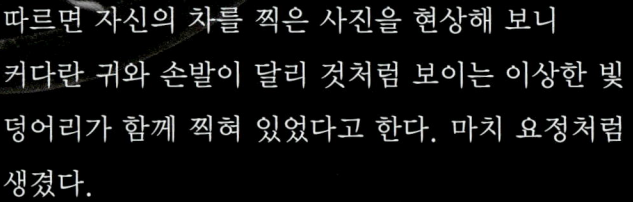

▶ 2007년에 미국에서 촬영된 라이트 빙

따르면 자신의 차를 찍은 사진을 현상해 보니 커다란 귀와 손발이 달린 것처럼 보이는 이상한 빛 덩어리가 함께 찍혀 있었다고 한다. 마치 요정처럼 생겼다.

조작된 사진이 아니라면 눈으로는 볼 수 없는 다른 차원의 생명체가 디지털카메라에 찍혔다는 뜻이다. 이렇게 요정을 닮은 발광체, '라이트 빙(빛의 생물)'은 세계 각지에 모습을 나타내고 있다.

◉ 인간 오브(orb)

1996년 이후, 호주에 사는 폴 코크란은 큰 피해를 입은 건 아니지만, 신경 쓰이는 어떤 문제에 봉착했다. 밤만 되면 자택 거실에서 녹색의 오브(빛나는 공)가 나타났다고 한다. '그것'은 현관 밖에서부터 하늘거리며 들어와 거실까지 똑바로 이동하더니 벽을 통과해 그대로 사라져 버리곤 했다. 단지 그것뿐이었다. 하지만 아무리 눈에 보이는 피해가 없다고는 해도 녹색의 발광체의 존재 자체가 신경 쓰이니, 집에 친구를 부를 수가 없었다.

언제나 마른 침만 삼키며 지켜보던 폴은, 어느 날은 일부러 마룻바닥을 두드려 보았다. 그러나 오브는 멈추거나 행동을 달리하는 게 아니라,

▶호주에 사는 폴 코크란의 집에 나타난 오브
▼오브를 확대하면 사람의 얼굴이 보인다.

폴이 뭘 하든 말든 신경조차 쓰지 않고 하늘거리며 여느 때처럼 이동했다고 한다.
오브가 자신을 별로 개의치 않는다는 것을 안 폴은 이번엔 사진을 찍어 보기로 했다. 그렇게 찍은 사진을 확대해 보니 오브에게 얼굴이 있었다! 오브는 유령일까? 아니면 다른 차원에서 온 UMA일까? 어떻게 해야 오브의 정체를 밝힐 수 있을까?

● 케사랑파사랑
"옷장 깊숙한 곳에 넣어 두면 집에 행운이 찾아온다."
이런 전설이 일본의 도호쿠 지방을 중심으로 퍼졌다. 그것은 어느 날 갑자기 하늘에서 떨어져 집에 정착한다. 분가루를 먹고 성장하여 어느 순간 개체수가 확 늘어 있는 것이 바로 기묘한 생명체인 '케사랑파사랑'이다. 이것이 식물인지 아니면 균류인지, 그것도 아니면 광물의 일종인지는 아직 밝혀진 바가 없다.

그러나 도호쿠 지방에서는 결혼하는 딸에게 케사랑파사랑을 나누어 주는 풍습이 있다고 한다. 여러분도 만약 케사랑파사랑을 발견한다면 소중히 보관하는 게 좋지 않을까?

◀도호쿠 지방의 민가에서 발견된 케사랑파사랑

마치며

98종 이상의 UMA를 소개했지만 정체를 제대로 파악한 건 거의 없다. 여전히 미스터리로 남아 있을 뿐이다. 하지만 전 세계에서 UMA를 봤다는 목격자들이 속출하고 있다. 어쩌면 어느 날 갑자기 모두에게 모습을 드러내어 존재를 확인시킨 뒤, 새로운 종으로 정식 분류될 UMA가 나올지도 모르겠다.

최근, 과학의 발달과 더불어 학술적으로 UMA를 연구하려는 움직임이 커지고 있다. 러시아, 미국, 영국, 스위스, 스웨덴⋯⋯. 수많은 나라의 학자들이 UMA가 남긴 흔적을 찾아 존재를 규명하기 위해 고군분투하는 중이다. 지금은 발자국과 털 등을 다른 생물의 것과 비교하는 것뿐만 아니라 DNA 검사를 통해 미지 동물의 유전자 정보를 분석하는 것도 가능해졌다. 앞으로 할 연구는 지금까지 한 것보다 훨씬 더 집중적이고 효과적으로 이루어질 전망이다.

물론 연구를 진척시키기 위해서는 과학 기술 외에도 반드시 필요한 것이 있다. 그것은 '알고 싶다!'는 마음이다. 가까운 미래, UMA의 정체를 밝힐 주인공은 마지막까지 흥미를 가지고 이 책을 끝까지 읽어 준 바로 당신일지도 모른다.

참고 문헌

「ムー」各号 (학연)
「世界UMA大百科」 (학연)
並木伸一郎『決定版 最強のUMA図鑑』(학연)
並木伸一郎『増補版 未確認動物UMA大全』(학연)
베르나르 외벨망『未知の動物を求めて』(강담사)
Loren Coleman & Jerome Clark, Cryptozoology A to Z. Simon & Shuster, 1999.
「Argosy」各号 등.

사진 제공

ムー編集部／並木伸一郎／山口直樹／松原寿昭／佐々木幸也／上田真里栄／ショーン・ヤマサキ／アフロ／アマナイメージズ／時事通信社／Cliff Crook ／ Igor Burtsev ／ GUST ／ Zoology Museum - Lausanne ／ Fortean Picture Library ／ Rex Gilroy ／ International Society of Cryptozoology ／ Mysterious Investigation Center ／ Scott Corrales

Photo Credit ©amanaimages/Science Photo Library(1~5, 132, 139 왼쪽 위, 149, 150, 156)／©amanaimages/Natural History Museum(188 오른쪽)／©EPA＝時事(40 오른쪽 아래)／©AFP＝時事(41 오른쪽·왼쪽 위)／©山口直樹(185, 186 오른쪽 위)／©松原寿昭(124 위)／©佐々木幸也(187 왼쪽)／©上田真里栄(160, 202)／©Cliff Crook(26)／©GUST(92, 93)／©Ivan Mackerle(193)／©Igor Burtsev(71, 72)／©Zoology Museum - Lausanne(6 위, 48, 49)

비주얼 미스터리 백과 ❹
미지 동물 대백과

편저자 학연교육출판
역자 최윤영
찍은날 2015년 5월 30일 초판 1쇄
펴낸날 2024년 5월 15일 초판 7쇄
펴낸이 홍재철
책임편집 최진선
디자인 박성영
마케팅 황기철·안소영
펴낸곳 루덴스미디어(주)
주소 경기도 고양시 일산동구 무궁화로 43-55, 604호(장항동, 성우사카르타워)
전화 031)912-4292 | **팩스** 031)912-4294
등록 번호 제 396-3210000251002008000001호
등록 일자 2008년 1월 2일

ISBN 978-89-94110-90-5 74900
ISBN 978-89-94110-86-8(세트)

결함이 있는 책은 구입하신 곳에서 바꾸어 드립니다.
값은 뒤표지에 있습니다.

이 도서의 국립중앙도서관 출판시도서목록(CIP)은 e-CIP홈페이지
(http://www.nl.go.kr/ecip)에서 이용하실 수 있습니다. (CIP제어번호 : CIP2015014568)

学研ミステリー百科　1巻　未知動物の大百科
学研教育出版・編・著

Gakken Mystery Hyakka 1kan Michidoubutsu no Daihyakka
© Gakken Education Publishing 2013
First published in Japan 2013 by Gakken Education Publishing Co., Ltd., Tokyo
Korean translation rights arranged with Gakken Education Publishing Co., Ltd.